I0078602

PIASA Books
are imprints of
the Polish Institute of Arts
and Sciences of America,
New York

Copyright © 2005 Barbara Tepa Lupack

Published by PIASA Books, The Polish Institute of Arts and Sciences of America, 208 East 30th St., New York, NY 10016

All rights reserved

Library of Congress Cataloging-in-Publication Data

Tepa, Jerzy W., 1908-1992.
    [Fräulein Doktor. English & Polish]
    Fräulein Doktor / Jerzy W. Tepa ; introduced and translated from the Polish by Barbara Tepa Lupack ; with a foreword by Czeslaw R. Halski.
        p. cm.
    ISBN 978-0-940962-64-4 (pbk.)
    I. Lupack, Barbara Tepa II. Title.
    PG7158.T338F7313 2009
    891.8'537—dc22
                                                              2009004888

Publication of this book has been aided by the George and Jane Tepa Publication Fund

www.polishbooks.org
Printed in the United States of America

The cover illustration is based on the original theatrical program (1933). On the rear cover: Jerzy W. Tepa at his desk at Polish Radio in the 1930s.

Jerzy W. Tepa

Fräulein Doktor

Introduced and Translated from the Polish by
Barbara Tepa Lupack

With a Foreword by
Czesław R. Halski

PIASA Books
NEW YORK
MMV

CONTENTS

For my father,
Jerzy W. Tepa (1908-1992)

My first and greatest teacher

ACKNOWLEDGMENTS

Noted BBC musicologist Czesław R. Halski, longtime friend of Jerzy Tepa and (in Poland) his occasional collaborator, shared numerous anecdotes about *Fräulein Doktor* and about Tepa's other plays. Dr. Halski (who, in *6 Lat* and other books, wrote eloquently of his pre-World War Two and wartime experiences) also sent photographs, several of which appear in this volume. I am sorry that he did not live long enough to see this project to its completion, particularly since he was so supportive of it and so zealous in preserving memories of the interwar years in Poland.

Kazimierz Dejmek, former Director of the Teatr Polski in Warsaw, graciously sent a Xerox of the typescript version of *Fräulein Doktor* that was used in revivals of the play at the Teatr Polski and that served as the basis for the Polish television broadcast of *Fräulein Doktor* by the Teatr Współczesny TV (Polish Television) in 1975. His recollection of the "furor" that *Fräulein Doktor* created when it was first performed in 1933 and his firm belief in Tepa's ongoing importance in the Polish drama of the interwar era helped to stir interest in this project.

The text of the Polish version of the play *Fräulein Doktor* that appears in this volume is based on the archival copy of the play, obtained from the Biblioteka Śląska in Katowice. For assistance in acquiring that copy as well as an archival copy of Jerzy Tepa's second play *Ivar Kreuger*, I am most grateful to Prof. dr. hab. Jan Malicki and Barbara Maresz of the Biblioteka Śląska (of which Dr. Malicki is the director). I am also grateful to Jerzy Zaleski, Managing Director of the Teatr Polski in Warsaw, for locating the archival copies of *Fräulein Doktor* and *Ivar Kreuger*, for apprising me of their existence, and for arranging the necessary contacts with the Biblioteka Śląska.

I also wish to acknowledge and thank the various adaptors and translators of Jerzy Tepa's plays, whose works gave me invaluable insights and strong direction as I pursued my own translations. In particular, "Anna-Maria: A Spy Play," by Cecil Madden and Theodora Drzewiecka, which was a loose translation and adaptation of *Fräulein Doktor* for the British stage that merged characters and changed the plot to give it a happy ending, was of great benefit and interest to me. At the Polish Institute of Arts and Sciences of America in New York, the late Dr. Ludwik Krzyżanowski, an extraordinary scholar and renowned editor of *The Polish Review*, and his successor, Dr. Joseph W. Wieczerzak, a superb colleague and friend, offered support and encouragement of my various projects over the years, for which I am most grateful. At PIASA Books, Dr. Charles S. Kraszewski and Mariusz Bargielski expertly guided the book through production. Finally, Jane H. Tepa proofread the typescript of the play, helped to fill in occasional gaps, and—most significantly—was witness to many of the important and often cataclysmic historic events that Jerzy W. Tepa chronicled in his various works.

FOREWORD

Czesław R. Halski

(excerpted from Dr. Czesław R. Halski's "Ostatni list" [Last Letter], originally published in London's *Dziennik Polski* [September 22, 1992])

I first met Jerzy Tepa around 1930 in the offices of the Polish Radio broadcast station at 6 Batory Street in Lwów. Both of us were just twenty-two years old at the time, but Jurek was already an announcer at the station, a position that he had held virtually from the establishment of the broadcast division.

Jerzy Tepa, a native Lvovian of medium build with dark eyes and a piercing glance, was born on April 24, 1908. At a very early age, he demonstrated a talent for writing; even in the gymnasium, he wrote amusing verses, pointed satires, and novelettes that were read by his schoolmates and kept under their school benches. After completing his gymnasium studies in Chyrów, he left for Paris, where he graduated from the Écoles des Hautes Études Commerciales. It was there that he acquired his excellent command of the French language.

Tepa was an extraordinarily talented writer and dramatist. His first play was a "factual montage" entitled *Fräulein Doktor* (1933). First performed with actress Irena Eichlerówna in the title role and with phenomenal stage settings by Janusz Warnecki, it was a tremendous success. The play was produced in theaters throughout the country and set a new record for performances in Poland. In the same year, a production was mounted in Paris by the Théâtre L'Athénée and also in provincial theaters in Dijon and Clérmont-Ferrand. [Productions soon followed in the United States, Canada, South America, Africa, and throughout Europe.]

His second play, *Ivar Kreuger* (for which I composed the musical score)—starring Władysław Krasnowiecki, who created the title role, and directed by Wacław Radulski, one of the most energetic and exceptionally gifted Polish directors I have ever known (after the war, he worked for Radio Free Europe in Munich)—also enjoyed several hundred performances in theaters throughout Poland, although it never achieved the legendary stature or renown of *Fräulein Doktor*. A production of *Ivar Kreuger* was even mounted by the Jewish Theater in the United States. Great financial success was predicted for the author, as well as a wide following for his work.

Tepa's next play, *Dyktator*, was produced in Czechoslovakia, Italy, and South America. It was also broadcast on radio, as was another play, *Joan de la Motte*, about the intrigues at the Royal Court in France.

After the Second World War, Tepa worked in the radio and press division of the Polish Information Center in the United States. He spent four years in Detroit, then moved to New York City. From there, he joined the United States Information Agency in Washington, D.C.; as Executive Producer at the Voice of America, he supervised the production of programs that were broadcast in many different languages worldwide.

I do not know if Jerzy Tepa's plays survived the turbulent events of the last war. If they did not, it would be an unspeakable loss to the seminal era of Polish drama between the world wars, especially as the critical acclaim for Tepa's works and the laudatory contemporary press reviews that they received are slowly fading from memory.

INTRODUCTION

Jerzy Tepa (1908-1992) was only twenty-four when he wrote his first play, *Fräulein Doktor* (alternatively titled *Fräulein Doktor, or, Mademoiselle Docteur*). That play, which premiered in 1933 at the Teatr Wielki in Lwów, was a phenomenal success, acclaimed by critics and beloved by audiences. Over the next year, it set new records for continuous theatrical performances.[1] Moreover—as one contemporary reviewer observed—it had a "world-wide impact": within months of its Polish premiere, productions of *Fräulein Doktor* were mounted in Bucharest, Paris, Spain, Canada, and the United States, and the play was translated into numerous languages, including English, French, Spanish, even Yiddish. It also attracted the attention of studio heads at both Metro-Goldwyn-Mayer and Paramount, who immediately began negotiating for film rights to the work. Even today, almost three quarters of a century later, *Fräulein Doktor* continues to provoke and stimulate discussion and—according to Kazimierz Dejmek, the distinguished former Director of the Teatr Polski in Warsaw—is still spoken of with great excitement and respect in theaters and dressing rooms throughout Poland.

The play, which Tepa called a *faktomontaż*, took an innovative approach to its subject: its six acts were divided—almost cinematically—into six self-contained scenes that played out over six years in different locations.[2] Originating the roles in *Fräulein*

---

[1] Stanisław Marczak-Oborski, *Teatr w Polsce 1918-1939: Wielkie ośrodki* (Warsaw: Państwowy Instytut Wydawniczy, 1984).

[2] Czesław Halski, in his *Polskie Radio Lwów* (London: Oficyna Poetów i Malarzy, 1985), relates numerous anecdotes about the early productions of *Fräulein Doktor*. For example, he recalls how Tepa was so displeased by the weak sounds of the artillery fire in the fifth act of the play, which is set in a field station near Verdun, that he complained about it to the director and set designer. The next night, when Tepa returned to the theater with a friend, he was pleasantly surprised that the artillery sounds were much stronger and louder in short, considerably improved from the night before. Turning to his friend, Tepa observed, "Finally, they got the shooting right!" At that point, one

11

Doktor were some of Poland's most notable stage performers. The acclaimed actress Irena Eichlerówna played the title role; Lucjan Żurowski, Jan Guttner, Jerzy Chodecki, Józef Machalski, Leszek Stępowski, and J. Kreczmar, with their nuanced and memorable performances, offered strong support. The entire ensemble, in fact, reminded at least one reviewer of a fine concert orchestra, which worked together with seamless "grace and artistry." Renowned director Janusz Warnecki was widely praised for maintaining an excellent tempo and for investing even the simplest scenes with enormous drama, tension, and emotion. And scenarist Otto Rex designed a series of spectacular and "efficient" sets, whose minimalism enhanced the visual aspect of the play and created stunning special effects ("modernistic in the interior scenes, realistic in the battle scenes").

Fräulein Doktor not only evoked strong memories of the First World War but also stirred very real concerns about the contemporary political climate, especially about single-minded devotion to duty and to nationalistic causes (the consequences of which, as historic events over the next decade confirmed, proved more tragic than any dramatist could have imagined). Clearly, *Fräulein Doktor* touched a sympathetic chord with audiences. And the critical response was overwhelmingly favorable.[3] Contemporary reviewers agreed that Jerzy Tepa, who at the time was already a popular broadcaster in Lwów, had established himself—instantly and indisputably—as an important playwright ("*Po tym debiucie można oczekiwać od autora że po pogłębieniu kompozycji da scenie dzieła doskonałe," "serdeczności i sympatji Lwowa dla swojego, rozwijającego skrzydła do lotu młodego autora"*). They noted that

---

of the theatergoers—a distinguished older woman—looked over her lorgnette at the two young men and (unaware that she was addressing Tepa) remarked with disdain: "That's the problem with young people today. The only thing that interests them about the theater is the gunfire!"

[3] For a partial listing of contemporary reviews of *Fräulein Doktor* and other plays by Jerzy Tepa, see the entry on "Jerzy W. Tepa" in *Słownik współczesnych pisarzy polskich* (Warsaw: P. W. W., 1964). See also the various entries on Tepa and his works in Marczak-Oborski's *Teatr w Polsce 1918-1939.*

Fräulein Doktor had been accepted for performance a mere two days after Tepa submitted it for consideration and that the Teatr Wielki immediately reshuffled its schedule for the new season and began casting the roles (a process that was conducted in secret, to generate even more suspense about—and interest in—the debut work). And they concurred that Tepa's career in the theater would be long and well-deserved (*"Autor zdobył zasłużony sukces"*; *"długie powodzenie; prawdziwy, oryginalny i świeży talent, po którym można się jeszcze dużo spodziewać"*). Jan Łoik praised the excellent dialogue, the rich characters, and the interesting and innovative staging. Kazimierz Bukowski, who observed that the play was a masterful and unusual reworking of the spy theme, hailed Tepa for his dramatic experimentation, and congratulated him on his "brave and brilliant debut," which the opening night audience acknowledged with shouts of praise, thundering applause, and repeated requests for curtain calls. Kazimierz Rychłowski concurred that Tepa was "a real talent" and noted, as Bukowski had, that the theater was filled to the rafters with cheering and appreciative crowds, who responded with exceptional warmth and enthusiasm to the performance, particularly to the "splendid realization of the historical scenes." Henryk Zbierzchowski wrote that the play's events cleverly captured the sense of its age (both the years of the Great War and the rise of Hitler in the early 1930s) and brought to the stage the same touches of wit and humor that marked Tepa's popular radio broadcasts. And Henryk Hescheles remarked on the many inventive elements of the play, which he felt that Tepa delivered with a confidence and an artistry remarkable for such a young playwright. Still other reviewers commented on the cinematic quality of the play and insisted that it was more imaginative and "filmic" than most of the recent spy movies, from *X 27* and *Plan W* to *Under Two Flags* and *Mata Hari.*

 Fräulein Doktor dramatized the exploits of Anna Marie Lesser, a beautiful and accomplished German spy who was based on an actual historical figure.[4] The real Anna Marie was a young

---

[4] Lesser's name is variously spelled as Anna-Marie, Anne-Marie, Annemarie, or Anna Maria. Some historians have suggested that the actual "Fräulein Doktor" was not Anna Marie Lesser at all, but rather

woman reputed to have been impressed into service as a spy during the First World War and often given the most challenging assignments. John Costello, in his study of *Love, Sex and War: Changing Values, 1939-45*, describes her as a woman only slightly "less notorious [than Mata Hari]—because she was never caught," who "exploited her powerful sensuality to ensnare high-ranking French officers and stay one jump ahead of discovery while she spun a web of German espionage in wartime Paris that cost France one of her key fortresses."[5] Political scientist John W. Williams observed that the actual historicity of Fräulein Doktor can be confirmed by a brief passage in *Geheime Machte*, in which the legendary German spymaster Walther Nicolai noted the existence of "an unusually well-educated woman who knew best how to deal with agents, even the most difficult and crafty of them." Williams adds that while her exploits usually featured close calls and daring escapes across the Continent and were almost always successful, Lesser eventually declined into morphine and cocaine addiction and disappeared into an asylum for the insane under an assumed name. Yet her legend "has been inflated by subsequent portrayals" that befit "her anonymity among the true legends of espionage."[6]

Over the years, the figure of the independent and strong-willed Fräulein Doktor proved especially appealing to film producers, each of whom adapted her story a little differently and emphasized different aspects of her wartime adventures. In the American film *Stamboul Quest* (1934; dir. Sam Wood), released by Metro-Goldwyn-Mayer and set in Istanbul in 1915, Myrna Loy starred as the legendary Annemarie, who chooses duty over love, a

---

Elsbeth Schragmüller, who received her Ph.D. at the University of Freiburg and eventually became director of the German spy school at Antwerp. The exploits attributed to both women are essentially the same.

[5] John Costello, *Love, Sex and War: Changing Values, 1939-45* (London: William Collins, 1985).

[6] John W. Williams, "The Films of 'Fräulein Doktor,'" originally published in the *Foreign Intelligence Literary Scene* (now the *World Intelligence Review*) and reprinted on-line at http://www.prin.edu/users/els/departments/poli_sci/film_politics/fraudoc.htm.

decision that leads to her breakdown and institutionalization.[7] Just two years later, in 1936, Georg Wilhelm Pabst, an expatriate German director, produced the French film *Mademoiselle Docteur* (released in the United States as *Street of Shadows*).[8] Edmond T. Gréville, a British film director, simultaneously filmed an English-language version entitled *Mademoiselle Doctor*, which was distributed by Trafalgar and United Artists, released in 1937, and shown in the United States (in an edited version) as *Under Secret Orders*.[9] Both versions of the spy film starred the same actress— German actress Dita Parlo—as Anne-Marie Lesser, who enlists as a German spy in order to avenge her lover's death.[10] *Fräulein Doktor*

---

[7] In this version, Annemarie (Myrna Loy) is a young woman who is enlisted by German Counter-Intelligence Chief Von Sturm (Lionel Atwill) to uncover how critical strategic plans for the Turkish theater are falling into British hands. Annemarie chooses duty over love, but her decision leads to the apparent death of the young American (George Brent) who loves her and sends her into a grief so deep that she must be institutionalized in a mental hospital, from which her story is told in flashback.

[8] In addition to *Street of Shadows*, other alternative titles included the following: *Spies for Salonika* and *Salonique nid d'espions.*

[9] The simultaneous filming of multi-language versions of *Mademoiselle Docteur* was not a unique event; other film directors of that era engaged in similar collaborations, sharing film sets and even actors. For example, as early as 1930, using the same kind of "assembly line" approach, Paramount Studios had produced five simultaneous early sound versions—with film crews from France, Germany, Italy, Sweden, and Poland—of Joseph Conrad's *Dangerous Paradise*. According to Gene Moore in *Conrad on Film* (Cambridge: Cambridge University Press, 1997), pp. 9-10, at the studio that Paramount used at Joinville, near Paris, "Foreign actors and directors were brought in, and as each set was constructed, [the] film crews . . . were put through their paces in turn; then the set would be struck and replaced with a new scene."

[10] Sent to Salonika by the German spy chief, Colonel Mathesius, to obtain troop movements, Anne-Marie Lesser falls in love with the captain whom she is assigned to monitor. As John W. Williams observed, "Although she successfully steals the troop plans, both

was remade again for the large screen, as an English-language Yugoslavian-Italian co-production, in 1968. Produced by Dino de Laurentiis and released in 1969 by Paramount (one of the studios that had negotiated to purchase film rights to Tepa's theatrical version as far back as 1933), the film was a muddled espionage tale and a disappointing story with a lesbian subplot.[11]

The most recent adaptation of *Fräulein Doktor*, produced by the Teatr Współczesny TV (Polish Television) in 1975, was a faithful restaging of Jerzy Tepa's original play, which it formally credited. Directed by Edward Dziewoński, this widely televised production of *Fräulein Doktor* starred Ewa Wieśniewska and featured Edward Dziewoński, Zdzisław Mrożewski, Piotr Pawłowski, Bogdan Baer, Damian Damięcki, and Włodzimierz Nowak as the officers. The makers of the telefilm, which introduced Tepa's landmark play to an audience largely unfamiliar with the earlier stage and film productions, noted that *Fräulein Doktor* was significant not only for the historical context that it evoked but also for its focus on a strong female character (one reason that the title

---

Lesser and the German spy chief are captured and executed. The story reflected the growing concerns in both France and Britain over the developments in Germany. Lesser's failure as a spy reinforced the Anglo-French victory over the Kaiser." While the title role in both films was performed by the same actress, Dita Parlo, the supporting players differed: in the French version, Charles Dullin played Mathesius, with Louis Jouvet as Simonis and Pierre Fresnay as Capitaine Georges Carrère; in the English version, Erich von Stroheim played Colonel Mathesius/Simonis and John Loder the Lieutenant Peter Carr. (For more on the films, see the Internet Movie Database.)

[11] The 1969 version of *Fräulein Doktor* was directed by Alberto Lattuada and starred British actress Suzy Kendall in the lead role, with Nigel Green as Colonel Mathesius and Kenneth More as the British Intelligence officer who attempts to entrap and capture her. Although some of the battle scenes were spectacular, this version was ultimately a muddled spy story, in which Fräulein Doktor is depicted as both murderous and drug-addicted. In her attempt to steal maps of the British and French offensives, she assumes many poses, including that of a Red Cross worker; and the film ends in a climactic showdown in a railyard, during which she narrowly escapes.

16

role was coveted by so many actresses, beginning with Irena Eichlerówna, who originated the part on stage in 1933).

Jerzy Tepa's second play, *Ivar Kreuger*, produced in 1934, also premiered at the Teatr Wielki in Lwów, with Władysław Krasnowiecki in the starring role. In the same year, productions of *Ivar Kreuger* were also mounted in Warsaw, Łódź, Prague, Paris, and Berlin (and soon afterwards in the United States, South America, and Africa). Written in three acts and seventeen scenes, the play was almost as innovative in its structure and staging as *Fräulein Doktor*; and it featured some of the same actors, such as Żurowski and Stępowski, and employed some of the same production staff, such as set designer Otto Rex. Like *Fräulein Doktor*, *Ivar Kreuger* was a historical play, based upon the life of Swedish financier and industrialist Ivar Kreuger, who was found dead in his hotel room in Paris in 1932, the victim of an apparent suicide. His death precipitated what became known as the Kreuger Crash, which was marked by the loss of the life savings of thousands of Swedes. In his play, Tepa took a largely psychological approach to the character of Kreuger and tried to portray him as both a successful entrepreneur and a skillful huckster. Like *Fräulein Doktor*, *Ivar Kreuger* enjoyed popular and critical success, but it never achieved the wide renown of Tepa's debut work. Other plays by Tepa—*Dyktator*, *Nocturn*, and *Joan de la Motte* (another historical play with a strong female heroine willing to sacrifice herself for a political cause, originally commissioned by the Théâtre Odéon in Paris for production but delayed by the outbreak of the Second World War)—soon followed.

After the war, Jerzy Tepa emigrated to the United States, where he continued to write; but his new medium became fiction, and the new language of his prose became English. Ironically, in America, Tepa's voice also found fresh expression in a familiar medium—radio, the medium in which he began his career in the 1930s in Lwów. Throughout the 1960s and 1970s, Tepa enjoyed a large audience of listeners overseas, as his broadcasts on literature, art, music, politics, and other aspects of nineteenth and twentieth-century cultural life reached—and informed—a new generation of Poles. Even after his retirement from government service in the mid-1970s, for the next decade he continued to write occasionally for the Voice of America and to record his popular series of "Letters" from New York, Washington, and other sites. In these rich and warmly touching broadcasts, he often evoked the places and people of his youth, particularly the enduring memories of Lwów during the interwar years.

The 1930s—the decade in which Jerzy Tepa came to prominence as a playwright in Poland—was a very rich period in Polish literature. As E. J. Czerwiński observed, that decade was marked by "an interest in social and economic problems, exacerbated by the Great Depression of 1929."[12] Although the outstanding genre was the novel, which included such monumental works as Witold Gombrowicz's *Ferdydurke* (1937), Bruno Schulz's *Sklepy cynamonowe* (Cinnamon Shops, 1933) and *Sanatorium pod klepsydrą* (The Sanatorium Under the Sign of the Hourglass, 1937), and Józef Wittlin's *Sól ziemi* (Salt of the Earth, 1936), a number of dramatists wrote important and acclaimed works that continue to be read and studied today. Stanisław Ignacy Witkiewicz (popularly known as Witkacy), a prolific author of over thirty plays (some of which were lost and only a handful of which were produced during his lifetime), abandoned realistic probability in his dramas; created fantastic, larger-than-life characters who often acted cruelly and unpredictably; incorporated themes of decadence, deviation, revolution, and the search for fulfillment; and introduced numerous contemporary, improvisational, and avant-garde elements into his plots, which anticipated much of the Theater of the Absurd. In novels such as *Pożegnanie jesieni* (Farewell to Autumn, 1927), *Nienasycenie* (Insatiability, 1930), and the incomplete *Jedyne wyjście* (The Only Exit, written 1931-33, published 1968), as in earlier plays such as *Tumor Mózgowicz* (Tumor Brainstorm, 1921), *Wariat i zakonnica, czyli Nie ma złego co by na jeszcze gorsze nie wyszło* (The Madman and the Nun, or There's Nothing Bad That Couldn't Get Even Worse, 1924-25), and *Mister Price, czyli Bzik tropikalny* (Mister Price, or Tropical Madness, staged 1926),

---

[12] E. J. Czerwiński, ed., *Dictionary of Polish Literature* (Westport, CT: Greenwood Press, 1994), p. 60.

Witkacy presented his often eccentric and idiosyncratic philosophic views.[13] Witold Gombrowicz, renowned for his "method" of reversing accepted codes of behavior and his irreverence for classical philosophy and literature, broke radically in his own fiction from nineteenth-century "mirror of life" novels and sought in all of his work a sense of "authenticity," often through invented plots that alluded to each other in counterpoint fashion.[14] Gombrowicz's notable first play, *Iwona księżniczka Burgunda* (Yvonne, Princess of Burgundy), also appeared in this decade: it was first published in 1938 in *Skamander*, the journal founded in 1920 and supported by a group of poets who rejected the tenets of the literary movement *Młoda Polska*. (The so-called *Skamander* group included a number of prominent writers, including Julian Tuwim, Jan Lechoń, Maria Pawlikowska-Jasnorzewska, Antoni Słonimski [who also wrote satirical comedies, such as *Rodzina* (Family, staged 1933)], and Jarosław Iwaszkiewicz[15] [who also wrote dramatic works—such as *Lato w Nohant* (Summer in Nohant, 1936), based on the life of Chopin, and *Maskarada* (Masquerade, 1938), based on an episode late in Pushkin's life—about the nature of the artist and the morality of art].) *Iwona księżniczka Burgunda*, whose theme Czesław Miłosz has described as "anything that destroys 'the form' is good" (although "every striving toward liberation from 'the form' [is] a necessary submission to it, since every antiform freezes into a new form"), is a provocative play about an ugly princess who is killed by an unboned fish; it echoed

---

[13] Czerwiński, pp. 437-38. See also the following: Daniel Gerould, *Witkacy: Stanisław Ignacy Witkiewicz as an Imaginative Writer* (Seattle: University of Washington Press, 1981) and Daniel Gerould, ed., *The Witkiewicz Reader* (Evanston, IL: Northwestern University Press, 1992).

[14] Czesław Miłosz, *The History of Polish Literature* (Berkeley: University of California Press, 1983), pp. 432-33.

[15] Iwaszkiewicz—a poet, prose writer, playwright, and translator—sometimes wrote under the pseudonym "Eleuter."

many of the ideas in *Ferdydurke*, Gombrowicz's landmark fabular novel.[16]

Playwrights less well-known than Witkacy and Gombrowicz also made significant contributions to the Polish drama of the era. For instance, Jerzy Szaniawski, an intellectual and a leader of the Kraków avant-garde who began his writing career with short stories, produced a variety of plays (many of which enjoyed a revival in the 1960s, with the advent of the Theater of the Absurd). Szaniawski's dramatic works included comedies (*Murzyn* [The Negro, staged 1917], *Lekkoduch* [The Playboy, staged 1923], and *Ptak* [The Bird, staged 1923]); more serious and complex dramas (*Ewa* [staged 1921], *Żeglarz* [The Sailor, staged 1925], *Fortepian* [The Grand Piano, 1932], and *Most* [The Bridge, staged 1933]); and radioplays.[17]

Like Szaniawski's, many plays written in the 1930s were staged but never published—or not published for decades. Consequently, numerous other important and popular dramatists of the era either are virtually unknown today or are only lately being rediscovered. Tadeusz Peiper, for example, was a noted aesthetic theoretician of the avant-garde; yet his dramatic works *Szósta! Szósta!* (Sixth! Sixth!) and *Skoro go nie ma* (Since He's Not Here), written in the 1920s and 1930s, were not staged until the 1970s. Similarly, *Dziewięćdziesiąty trzeci* (The Ninety-Third) and *Sprawa Dantona* (The Danton Affair)—dramas by Stanisława Przybyszewska (who used the pseudonym "Andree Lynee"), daughter of prolific writer and famed aesthetician Stanisław Przybyszewski—were largely ignored during the author's lifetime and came to the attention of the general public only when they were adapted in recent years to television and film. (*Sprawa Dantona*, for

---

[16] Miłosz, *The History of Polish Literature*, pp. 432-34. Miłosz also offers a good but brief summary of *Ferdydurke*, a fabular story of a thirty-year-old whom a malicious schoolmaster-magician, Pimko, transforms into a schoolboy.

[17] One of Szaniawski's most important dramatic works, *Dwa teatry* (Two Theaters), a comedy first staged in 1946, explored the nature of the theater and incorporated actual historical events. (The first act of the play, for example, takes place in September, 1939.)

example, appeared in fragments in 1929 and 1930, and was staged in 1931 and again in 1961; but it became widely known only after Andrzej Wajda filmed it—as *Danton*—in 1982.)

Like the works of so many of his contemporaries, Jerzy Tepa's plays of the 1930s, though well-received and widely staged in their day, were never published. Thus, as his colleague and sometime-collaborator Dr. Czesław R. Halski suggests in his foreword to this volume, despite the tremendous contemporary impact of Tepa's dramatic works, even the highly innovative and phenomenally influential *Fräulein Doktor* is starting to fade from memory. Yet Tepa's popular plays were, and continue to be, a vital part of the era of Polish interwar drama, an era to which Jerzy Tepa lent his distinctive and original voice—a voice that resounds in both his prewar and postwar writing and that echoes, with a special clarity, the concerns of his culture and of his age.

FRÄULEIN DOKTOR

Faktomontaż prawdziwy w 6 obrazach z epilogiem

OSOBY

Dr. Matthesius
Por. Gerhard Mueller
Por. Heinrich Engel
Ekscelencja
Major Herst
Anna Marja Lesser
Boy
Portjer
Joachim Costopoulos
Por. René Austin
Sierżant Georges Duval
Sierżant Jacques Bertrand
Żołnierz I
Żołnierz II
Żołnierz III
Kpt. Tilly
Lekarz
Radjotelegrafista (a.k.a. Sierżant Georges Loiseau)
Sanitarjusz
Kpt. Mauriac
Kpt. Latour
Pani Hammer

                Żołnierze, Oficerowie, goście hotelowi

RZECZ DZIEJE SIĘ

PRZED PIERWSZYM OBRAZEM

[*Krótka uwertura: staccata Morsego i długie pasaże dwonków elektrycznych. Asymetrycznie po prawej nad sceną i po lewej obok sceny ukazują się 2 kabiny telefoniczne.*]

KABINA I
[*zapala światło nad aparatem*] Hallo! Hallo! Strassburg— Strassburg mówi! Berlin—kabel specjalny? Tak jest! Specjalny. Tu Komenda Placu. Strassburg! Strass–burg!

KABINA II
[*zapala światło*] Berlin! Poczta główna! Hallo! Strassburg?

KABINA I
Strassburg. Proszę o natychmiastowe połączenie z Ministerstwem Spraw Zagranicznych. Dr. Matthesius! Sprawa urzędowa!

KABINA II
Proszę hasło?

KABINA I
Kurfuerstendamm 14.

KABINA II
Proszę czekać— łączę.

[*KURTYNA podnosi się. Zupełna ciemność na scenie. Dzwonek telefonu na biurku. MATTHESIUS zapala lampę nad biurkiem. Na biurko pada reflektor.*]

MATTHESIUS
Hallo, słucham!

KABINA II
Dr. Matthesius? Międzymiastowa—kabel specjalny.

25

MATTHESIUS
Przy aparacie. Kto mówi?

KABINA II
Komenda policji—Strassburg. Łączę. [*II kabina gaśnie*]

KABINA I
Strassburg. Dr. Matthesius?

MATTHESIUS
Tak jest. Słucham. Słyszy mnie Pan dobrze? Słucham.

KABINA I
Podaję meldunek prezydenta policji. Dziś rano zmarł w szpitalu powszechnym człowiek niewiadomego nazwiska. Papierów przy nim nie znaleziono. W południe przybyła po zwłoki 16-letnia dziewczyna i poleciła zawiadomić Pana doktora, że zmarły nosi nazwisko Wynanky, jest kapitanem wywiadu. Dziewczyna żąda przetransportowania zwłok do Berlina. Podaję szyfrę 14 GW. Oczekuje polecenia. Podpisane—Prezydent Policji, Dobnitz.

MATTHESIUS
Aha! Zaraz, zaraz. Proszę notować. Stosować się ściśle do poleceń dziewczyny. Przewieźć nocą do Berlina zwłoki i dziewczynę pod silnym konwojem w osobnym wagonie. W razie potrzeby uruchomić specjalny pociąg express. Zachować najgłębszą tajemnicę. Nie dopuszczać lekarzy. Podpisać: Dr. Matthesius.

KABINA I
Otrzymałem. [*swiatło gaśnie*]

KURTYNA

26

I. BERLIN
Rok 1913

[Luksusowy gabinet w Ministerstwie Spraw Zagranicznych w Berlinie. W głębi drzwi do wielkiej sali obrad—nad drzwiami czarny orzeł i portret Wilhelma II, na lewo mapa Europy—pod nią stół, pokryty zielonym suknem, po prawej biurko i 2 fotele. Nad stołem pochylonych 2-ch oficerów rachują, obliczają w milczeniu, od czasu do czasu podchodzą do mapy i zmieniają położenie szpilek z chorągiewkami.]

SCENA 1

POR. MUELLER
[rzucając cyrkle] Skończone! Zgadza się najzupełniej. Ta mała ma fenomenalną pamięć.

POR. ENGEL
Pomyśleć, że liczy sobie 16 latek—zielony owoc, co Mueller? *[śmieje się]*

POR. MUELLER
Papieroska?

POR. ENGEL
Z całą chęcią.

[zapalają]

POR. MUELLER
Podoba ci się—nie?

POR. ENGEL
Owszem. Nie mogę zaprzeczyć. Ostatni raz widziałem ją w Wintergartenie 2 lub 3 miesiące temu. Była z Wynankym. Myślałem sobie: córka, siostrzenica—ale przyjaciółka—nigdy! Swoją drogą nie podejrzewałem Wynanky'ego o taki gust. O taki

27

dobry gust—Donnerwetter!

POR. MUELLER
Biedak ten Wynanky—wyciągnąć kopyta na ordynarne zapalenie ślepej kiszki, to rzeczywiście tragedja dla oficera wywiadu, któremu groziła śmierć z każdej strony, o każdej porze dnia i na każdym miejscu.

POR. ENGEL
Jak się dowiedziałem, że Wynanky wyjechał do Francji z małą, myślałem, że ją tam zostawi, żeby mu nie przeszkadzała w robocie. Tymczasem sam skonał na granicy, a mała wszystko przywiozła.

POR. MUELLER
... Pamiętasz, jakeśmy rozpruwali ubranie nieboszczyka nieomal, że nie na katafalku, mała tylko rozkazywała: pod rękawem—lista belgijska, na łopatce—Paryż, Marsylja, Lyon, kołnierz—plany Pissard'a. Sama nieboszczykowi zdjęła buty, żeby oglądnąć obcasy. Żeby choć otarła oczy na widok kochanka na katafalku!

POR. ENGEL
Sądzisz, że był jej kochankiem?

POR. MUELLER
[z kpinami] Nie—broń Boże! Ojcem, bratem—łączyła ich "wspólność myśli." Nie bądź idiotą, Engel. Ta mała zdrowa 16-latka mieszkała z nim od roku. Wynanky nie był ani kretynem ani impotentem.

SCENA 2

[Drzwi otwierają się bezszelestnie i staje w nich EKSCELENCJA w mundurze polnego marszałka—oficerowie stają na baczność.]

POR. MUELLER
Ekscelencjo! Por. Gerhard Mueller z II Oddziału Sztabu, wydział kontrwywiadu—ma zaszczyt przedstawić się Jego Ekscelencji.

28

POR. ENGEL

Ekscelencjo! Por. Heinrich Engel z II Oddziału Sztabu, wydział kontrwywiadu—ma zaszczyt przedstawić się Jego Ekscelencji.

EKSCELENCJA

Czy przesłuchanie Anny Marji Lesser ukończone?

POR. MUELLER

Tak jest, Ekscelencjo! Ostatnie notatki Wynanky'ego zostały odcyfrowane.

EKSCELENCJA

Jaki szyfr?

POR. MUELLER

Belgijski R. 2100.

EKSCELENCJA

Kto przesłuchuje?

POR. MUELLER

Szef II Oddziału, Doktor Matthesius.

EKSCELENCJA

Kto tłumaczy szyfr? Major Herst?

POR. MUELLER

Nie, Ekscelencjo.

EKSCELENCJA

Sam Doktor Matthesius?

POR. MUELLER

Nie, Ekscelencjo.

EKSCELENCJA

Więc kto w takim razie? Przecież nikt inny nie zna szyfru R. 2100.

29

POR. MUELLER
Szyfr tłumaczy sama Panna Lesser.

EKSCELENCJA
Jakto? Skąd ona go zna?

POR. MUELLER
Nie wiem, Ekscelencjo!

EKSCELENCJA
No, no, ciekawe! Bardzo ciekawe. Dziękuję wam, Panowie. Proszę sobie nie przeszkadzać.

SCENA 3

[EKSCELENCJA *kieruje się ku drzwiom w głębi, które otwierają się. Wychodzi z nich* DR. MATTHESIUS *w tużurku,* ANNA MARJA LESSER *w angielskim kostjumie z roku 1913 i* MAJOR HERST *w mundurze. Mjr. Herst salutuje Ekscelenję, ten podaje mu rękę, poczem Herst podchodzi do oficerów na lewo. Dr. Matthesius wita się z Ekscelenją, rozmawia z nim szeptem, Anna Marja upada na fotel przed biurkiem i zasypia.*]

MJR. HERST
[*do oficerów*] No! Teraz przynajmniej wszystko jasne. Fenomenalna, fenomenalna pamięć. A przytem orjentacja wprost nie do pojęcia u 16-letniego dziecka.

POR. ENGEL
Lesser nie jest dzieckiem— pochowała kochanka.

MJR. HERST
To niczego nie dowodzi. Gdyby każda kobieta, która pochowała kochanka, przyniosła takie wiadomości, nie byłoby tu miejsca dla nas.

POR. MUELLER
Aha! Bylibyśmy już dawno na froncie!

POR. ENGEL
Sądzicie, Panowie, że przychodzi na nas czas?

MJR. HERST
To więcej niż pewne. Skoro ambasadorowie zaczynają sobie wydawać rendez-vous, chodzić na herbatki dyplomatyczne, korespondować i wymieniać grzeczności—nie potrzeba już specjalnych znaków na ziemi i na niebie. Dyplomaci są wbrew wszelkim mniemanion ludźmi niegrzecznymi. Z chwilą, gdy zaczynają sobie prawić komplementy ministrowie pełnomocni—to już źle!

POR. MUELLER
[*szeptem*] A powołanie Hindeburga do służby czynnej to drobiazg? Zobaczycie, zaczniemy od Jezior Mazurskich. Zresztą ta mała powiedziała nam chyba dosyć. Francja ukończyła już zbrojenia. Chcą rewanżu za Sedan.

MJR. HERST
[*uderza pięścią w stół*] A my chcemy Sedan powtórzyć! Z naszą armją i techniką skończymy wojnę do 6-ciu tygodni. Artyleria, samoloty, chemje bojowe! Za miesiąc jesteśmy w Paryżu!

POR. ENGEL
Tak sądzisz?

MJR. HERST
Tak. A ty?

POR. ENGEL
[*spokojnie*] Wojna może potrwać kilka lat.

[HERST i MUELLER *wybuchają głośnym śmiechem, który nagle opanowują na widok Ekscelencji, żegnającego się z* DR. MATTHESIUSEM. EKSCELENCJA *podchodzi do fotelu, na*

31

którym śpi ANNA MARJA, *przypatruje się jej przez chwilę, daje znak głową Matthesiusowi, wskazując na nią i wychodzi, salutując stojących na baczność oficerów.*]

EKSCELENCJA
[*przy drzwiach*] Panowie za mną. Dr. Matthesius pragnąłby zostać sam. Aha! Jeszcze coś. Panowie tej Pani odtąd nie znają, nikt z Panów jej nigdzie—powtarzam *nigdzie* i *nigdy* nie widział i nie zna jej nazwiska. Jasne?

OFICEROWIE
[*w postawie służbowej*] Rozkaz, Ekscelenjo!

[*Wychodzą.* MATTHESIUS *starannie zamyka wszystkie drzwi, siada przy biurku, wertuje papiery i po chwili dotyka lekko linją* ANNĘ MARJĘ. *Ta budzi się momentalnie.*]

SCENA 4

ANNA MARJA
Co się stało?

MATTHESIUS
[*całą scenę lodowato spokojny—cedzi słowa*] Nic. Chciałem z Panią porozmawiać.

ANNA MARJA
[*podobnie*] O czem?

MATTHESIUS
O wszystkiem. Lub o niczem. Jak Pani woli. [*po chwili*] Gdzie Pani mieszka?

ANNA MARJA
Nigdzie.

32

MATTHESIUS
Aha! A co zamyśla Pani teraz robić?

ANNA MARJA
[*wyjmuje z torebki rewolwer i kładzie go na biurku*]

MATTHESIUS
[*chowa go do szuflady*] To wszystko?

ANNA MARJA
Tak.

MATTHESIUS
Wiele Pani ma lat?

ANNA MARJA
Szesnaście.

MATTHESIUS
Ma Pani rodzinę?

ANNA MARJA
[*kiwa przecząco glową*]

MATTHESIUS
Żadniej?

ANNA MARJA
Wyrzucono mnie z domu przed rokiem.

MATTHESIUS
Miała Pani dziecko z Wynankym?

ANNA MARJA
[*unosi się*] To moja rzecz!

MATTHESIUS
Przepraszam. Włada Pani językami?

ANNA MARJA
Francuskim i angielskim.

MATTHESIUS
Perfekt?

ANNA MARJA
Miałam bonę angielkę. Potem wychowywałam się w Grenoble.

MATTHESIUS
Rysuje Pani?

ANNA MARJA
Tak.

MATTHESIUS
[*zapala cygaro i przechadza się wzdłuż pokoju; od czasu do czasu rzuca*] Pani jest zdolną osóbką . . . Nawet bardzo zdolną . . . Nie zależy Pani na opinji . . . [*długie milczenie, zbliża się do niej*] Chciałem Pani zaproponować . . .

ANNA MARJA
Dobrze! Zgadzam się!

MATTHESIUS
[*siada przy biurku*] A zatem rozumiemy się dobrze, moja Panieneczko.

ANNA MARJA
Przed chwilą mówił Pan do mnie "Pani," obecnie "moja Panieneczko" . . . To znaczy, że mnie Pan angażuje?

MATTHESIUS
Przepraszam jeszcze raz—nie chciałem Pani urazić. Więc wracam do sprawy. Nie jest to rzecz prosta . . .

ANNA MARJA
Ułatwię Panu sytuację. Angażuje mnie Pan do wywiadu

34

niemieckiego w charakterze agentki zagranicznej, bo władam językami i umiem rysować, znam się na geometrji, obojętne mi jest, kto i gdzie mnie zabije i . . . . nie mam co z sobą zrobić. Równocześnie chce mi Pan zwrócić uwagę, że najmniejszą zdradę, odpokutuję śmiercią. O to proszę się nie bać—jestem solidnym i lojalnym pracownikiem dla instytucji, która korzysta z moich usług. Zresztą, nawet gdybym chciała być podwójnym szpiegiem, Pan z pewnością by się o tem nie dowiedział. Trzeba mi wierzyć na słowo. W końcu chciał mi Pan zapewne oświadczyć, że pensja moja będzie skromna do chwili, w której wykażę moje zalety i że ta chwila niedługo nastąpi. To wszystko—tak?

MATTHESIUS
[*nie okazując zdumienia*] Tak.

ANNA MARJA
Nic więcej?

MATTHESIUS
Nie. Chciałem tylko dodać, że Pani jest wcale mądrą osóbką. Domyśla się Pani, co by nastąpiło, gdyby Pani odmówiła.

ANNA MARJA
Za dużo *już* wiem.

MATTHESIUS
Tak.

ANNA MARJA
Zatem sprawa załatwiona. Może Pan być pewien mojej lojalności. Potrzebuję Was i Waszych zleceń.

MATTHESIUS
Do czego?

ANNA MARJA
Żeby zapomnieć o życiu, o sobie . . . Chcę pracować, niszczyć, chcę codzień nowych wrażeń, żeby zapomnieć, zapomnieć, zapomnieć!

Zresztą—co Pana to wszystko może obchodzić. Zgadzam się. To wystarczy. Panu i mnie.

MATTHESIUS
Może być Pani przekonana, że Rząd Cesarstwa potrafi ocenić zasługi każdego, kto . . .

ANNA MARJA
Gwiżdżę na wasze pieniądze i ordery! Pieniądze dajcie fabrykantom broni, a ordery ministrom, żeby nową wojnę wymyślili. Ja na to gwiżdżę! Gwiżdżę—powtarzam! Gdybym potrzebowała pieniędzy, zwróciłabym się do kogoś innego i z innymi propozycjami. Mam 16 lat i wiem, co to znaczy, co to warte!

MATTHESIUS
Jakie ma Pani życzenie?

ANNA MARJA
Spać! Tylko spać. Sądzę, że mogłabym spać przez cały tydzień. Chciałabym się przespać w porządnym łóżku, na świeżej bieliźnie i żeby mnie nikt nie budził.

MATTHESIUS
[*Przez ten cały czas wyjmuje plik banknotów i kładzie jej do torebki. Potem z pewnym wahaniem i rewolwer.*] Zgłosi się Pani do mnie za tydzień. Potem nastąpi pierwszy etap pracy. [*z naciskiem*] *Naszej* pracy.

ANNA MARJA
Gdzie?

MATTHESIUS
Bruksela!

KURTYNA

36

PRZED DRUGIM OBRAZEM

KABINA I
[*zapala światło*] Hallo—Bruksela? Bruksela? Tu Sarajewo! Bruksela! Centrala Banku Wschodniego? Tu Sarajewo! Sa-ra-je-wo!

KABINA II
[*zapala światło*] Hallo—Sarajewo? Tu Bruksela—Dyrekcja Banku Wschodniego. Kto przy aparacie?

KABINA I
Syndyk Hutten—Dr. Hutten! Hallo—proszę nie przerywać! Przy aparacie Hutten!

KABINA II
Tu Van Diemen! Dobry wieczór, doktorze—co tam słychać nowego? Miał Pan do nas telefonować dopiero w sobotę. Czy Czarnogóra odmówiła wypłat?

KABINA I
Dziś w południe zamordowano arcyksięcia Ferdynanda z małżonką. W całym mieście panuje wzburzenie. Proszę o natychmiastowe dyspozycje!

KABINA II
Aha ... zaraz ... zaraz ... uważa to Pan doktorze za casus belli?

KABINA I
Niema dwóch zdań, Panie dyrektorze. Przed chwilą konsul rosyjski wycofał 75,000 koron z tajnego konta bałkańskiego. Jeżeli tak dalej pójdzie, będziemy zmuszeni zawiesić wypłaty.

KABINA II
Hallo, doktorze. Proszę natychmiast marki niemieckie i korony wymienić na złoto. Do 24 godzin! Z waluty—tylko szwajcarską! I natychmiast wyjechać—oczekujemy Pana za trzy dni. Aha—jeszcze coś. W przejeździe dowie się Pan w Berlinie, jak stoi Krupp.

37

Żegnam Pana, doktorze. Do widzenia, za kilka dni. A niech Pan pamięta o Kruppie! [*kabina gaśnie*]

KABINA I
Do uslug! Hallo—międzymiastowa? Proszę obciążyć Sarajewo o 3 minuty rozmowy z Brukselą. [*gaśnie*]

II. BRUKSELA
Rok 1914

[*Hall hotelu "Anglais." Po lewej loża portjera, nad nią schody na pierwsze piętro. Po prawej kanapki klubowe i stół z gazetami. W środku drzwi wahadłowe na ulicę. Jest noc. Przy drzwiach drzemie samotny boy—w loży portjer. Od prawej dolatują dźwięki walca i wiwaty pijących oficerów. Od ulicy dochodzi głos kamelota: "Dodatek nadzwyczajny."*]

SCENA 1

PORTJER
Boy!

BOY
[*nie rusza się*]

PORTJER
Boy! Boy!

BOY [*zrywa się*]

PORTJER
Wiele razy mówiłem ci, że noc jest do pracy a dzień do spania. Przynajmniej dla nas. [*rzuca monetę*] Biegnij na ulicę i przynieś dodatek nadzwyczajny. Pewnie znowu pogróżki niemieckie. Rozbudź się! Jak ty wyglądasz! No, biegnij, biegnij!

[BOY *wybiega—ze schodów schodzi* ANNA MARJA: *w kapelusiku z płaszczem na ręce. W butonierce płaszcza duża czerwona róża.*]

ANNA MARJA
Bonjour, Monsieur Charles! Nie było depeszy?

PORTJER
Nie, Panno Jacqueline. Ale miejmy nadzieję, że ojcu lepiej. Bo to widzi Pani, starszy człowiek to nieraz zaniemoże, nieraz, bo i ksiądz z sakramentem przyjdzie, a za tydzień wstaje jak gdyby nigdy nic i—wszystko w porządku. Ojciec Pani—przepraszam za śmiałość— ile raczy sobie liczyć lat?

ANNA MARJA
[*w roztargnieniu—szukając kogoś wzrokiem*] Ja? 18. Czy nie wyglądam na to?

PORTJER
Nie! Nie Pani, Panno Jacqueline. Ojciec—ojciec Pani.

ANNA MARJA
Aha! Ojciec—50-51-szy.

PORTJER
To jeszcze młody człowiek. Bo u mnie, proszę Pani, już 7-my krzyżyk. [*do wchodzącego boya*] No, co—masz? [*odbiera dodatek*] Ale Pani czeka na kogoś?

ANNA MARJA
Tak jest. Na stryja.

PORTJER
[*nakłada okulary, czyta i podbiega do* ANNY MARJI] Panno Jacqueline! Panno Jacqueline! Niech Pani czyta! Wojna! Wojna! Dziś o 5-ej popołudniu Austrja wypowiedziała wojnę Serbji! Niemcy staną za Austrją a Rosja z Francją za Serbją. Oczywiście stanie się to, co mówiłem. A ja głupi nie słuchałem matki Germaine i wszystkie oszczędności ulokowałem w Credit Lyonnais!

39

Przepadły! Przepadły! Moratorjum, wstrzymanie wypłat! Jestem zrujnowany! Bankrut! Panno Jacqueline! Co robić? Co robić?

ANNA MARJA

Niech się Pan uspokoi! Monsieur Charles! Może Francja ogłosi neutralność i pańskie pieniądze się wrócą. Niema się czem przejmować. [*Odbiera mu gazetę i czyta. Przez hall przechodzą GOŚCIE i tworzą grupki, czytając dodatek.*]

PORTJER

Wrócą się? Neutralna Francja? Widać, że Pani nie czytuje gazet, Panno Jacqueline. Toż zarówno Francja, jak i Niemcy i Rosja czekały na tę chwilę. To jest bomba! Bomba, która wstrząśnie całą Europą! A moje pieniądze pójdą na armaty, na karabiny! [*płacze*] Moje ciężko zapracowane pieniądze! Moje grosze! 40 lat pracowałem, 40 lat od ust sobie odejmowałem, nie dojadałem, nie spałem, żeby sobie na starość kupić domek na wsi, gospodarować i raz odpocząć! A tu jednym pociągnięciem pióra niszczy się człowieka, jego długoletnią pracę. To jest zbrodnia! Zbrodnia, Panno Jacqueline! Zadzwonię do matki Germaine—może ona znajdzie jakiś ratunek. Jean! Jean!

[*Biegnie do loży i zamyka się. Reflektor, oświetlający przez całą scenę i PORTJERA i ANNĘ MARJĘ przenosi się na prawą stronę sceny. Przy ostatnich słowach portjera wchodzi od ulicy COSTOPOULOS, elegancki, starszy Pan i rozgląda się nerwowo wokoło. Spostrzegłszy Annę Marję, siada na kanapce klubowej, wyjmując dodatek i czyta.*]

SCENA 2

ANNA MARJA

[*szeptem*] Boy! Proszę zanieść moje walizki do auta. [*podchodzi do COSTOPOULOSA, siada, bierze ilustrację i mówi szeptem*] Jest Liège?

40

COSTOPOULOS
Jest—ale nie kompletny.

ANNA MARJA
Dlaczego?

COSTOPOULOS
Żądałem za komplet 10,000 mk. w złocie. Przysłano mi tylko 6,000.
Dlaczego?

ANNA MARJA
To nie moja rzecz. Powtarzam pytanie: dostanę komplet?

COSTOPOULOS
Nie! Aż przyjdą pieniądze. Większe.

ANNA MARJA
Jak długo mam czekać, Panie Costopoulos?

COSTOPOULOS
Nawet dwa miesiące. Dostanę na rączkę 10,000? Teraz komplet
kosztuje 16,000. Jutro może 20,000. Haussa na rysunki. Trudno.

ANNA MARJA
Pan nas szantażuje?

COSTOPOULOS
Jeżeli łaskawa Pani nazywa to szantażem—to tak. Potrzeba mi
pieniędzy. Zresztą znam dobrze wartość planów. Twierdza Liège w
r. 1914—to nie bagatela. Zwłaszcza gdyby wojska niemieckie
chciały sobie skrócić drogę i przejść . . . hm . . . i spróbować przejść
przez neutralną Belgję. No? Jak tam?

ANNA MARJA
Niech Pan przyniesie komplet. Płacę!

COSTOPOULOS
Gotówką?

ANNA MARJA
Tak.

COSTOPOULOS
Widzi Pani—tak trzeba było mówić odrazu. Do widzenia za chwilę.

[*Odchodzi.* ANNA MARJA *ogląda dalej ilustracje.* Z *prawej otwierają się drzwi, wzmożony gwar i muzyka, wchodzi wstawiony por.* AUSTIN w *mundurze belgijskim. Potyka się o fotel. Annie Marji wypada z rąk ilustracja—lekki okrzyk.*]

SCENA 3

AUSTIN
[*zdziwiony*] Przepraszam! Mademoiselle, pozwoli Pani, że się przypomnę jej pamięci. Porucznik René Austin z 5 pułku ciężkiej artylerji. Miałem szczęście być Pani przedstawiony na manewrach w Liège.

ANNA MARJA
Owszem, przypominam sobie. Tańczyłam z Panem u pułkownikostwa Berton.

AUSTIN
[z *trudnością utrzymuje się na nogach*] Rzeczywiście! Oh, rzeczywiście! Pani ma świetną pamięć. [*przysiada się*] Czy nie przeszkadzam?

ANNA MARJA
Zupełnie nie, Panie poruczniku. Oczekuję depeszy od chorego ojca. Bardzo mi miło.

AUSTIN
Ojciec Pani—o ile mnie pamięć nie myli—jest pułkownikiem strzelców alpejskich. Pani studjuje w Akademji Sztuk Pięknych. Widzi Pani, że i ja mam niezłą pamięć, chociaż dzisiaj. . . . nie t-tego. Wesoło mi na duszy, Mademoiselle, wesoło. Pozwoli Pani, że

zapalę?

ANNA MARJA
Proszę bardzo. Zdziwił się Pan zapewne, widząc mnie w hotelu. Trudno—jeżeli się nie ma rodziny w mieście.

AUSTIN
Oczywiście. Jasne. Zupełnie jasne. My właśnie kończymy manewry w przyległej sali. Proszę wybaczyć o ile o uszy Pani obiją się jakieś niecenzuralne słowa . . .

ANNA MARJA
Nie mogę mieć o to pretensji do Panów. Jesteście u siebie, na kwaterze. To znaczy manewry już definitywnie ukończone. Jesteśmy przygotowani do wojny z Niemcami.

AUSTIN
[przerażony] Tak! Na miłość Boską Panno . . . Panno . . .

ANNA MARJA
Jacqueline. Jacqueline Artopé.

AUSTIN
Panno Jacqueline, niech Pani uważa! Jesteśmy otoczeni szpiegami niemieckimi.

ANNA MARJA
Jakto, nawet tu? To niemożliwe. Pan przesadza, Panie poruczniku.

AUSTIN
Nie wierzy mi Pani? Nic łatwiejszego jak udowodnić to. Wczoraj w nocy . . .

ANNA MARJA
Wczoraj w nocy . . .

AUSTIN
Wczoraj . . . [waha się] . . . chociaż swoją drogą mogę to Pani

43

powiedzieć. Córce pułkownika strzelców alpejskich naszych wojsk sojuszniczych. Wie Pani, żyjemy w takim podnieceniu, że w ostrożności dochodzimy do egzaltacji. Otóż wczoraj w nocy— skradziono duplikaty planów fortyfikacyjnych Liège.

ANNA MARJA
Niemożliwe!

AUSTIN
Tak jest, proszę Pani. Na granicach rozstawiliśmy posterunki, rewizje w pociągach nie ustają. Jesteśmy pewni, że plany jeszcze nie opuściły granic Belgji.

ANNA MARJA
Miejmy nadzieję, że ich nie opuszczą. To byłoby straszne!

AUSTIN
[*pod coraz wiekszym działaniem alkoholu*] Nie bardzo. [*nachyla się*] Byliśmy na to przygotowani.

ANNA MARJA
Jakto—przygotowani. Nie rozumiem.

AUSTIN
[*wychyla kieliszek*] Duplikaty były mylne. Ważne są plany z r. 1913.

ANNA MARJA
Nie! To jest wspaniałe!

AUSTIN
Oszywiście "tric." Zmiana fortyfikacji była pozorna. Dla złodzieja, którego, ha! ha! ha! . . . oczekiwaliśmy. W gruncie rzeczy umocniliśmy tylko stare forty. To pewniejsze i . . . tańsze. Dobry kawał. Ale Panno Jacqueline—słowo!

ANNA MARJA
Oczywiście, Panie poruczniku. Może Pan być zresztą spokojny, bo

44

ojciec by mi napewno to samo powiedział. Jestem zbyt dobrą Francuską, żeby mi nie leżało na sercu bezpieczeństwo naszego sojusznika. Bo o tem chyba nie wątpimy, że Belgja i Francja stanie jak jeden mąż przeciw Bochom.

AUSTIN
Jestem o tem przekonany. Ale mówmy o czymś przyjemniejszym.

ANNA MARJA
Naprzykład?

AUSTIN
[*przysuwa się*] O Pani.

ANNA MARJA
O mnie? Czyżbym mogła Pana zainteresować?

AUSTIN
[*pijany*] Panno Jacqueline! Jeszcze na manewrach, wtedy u pułkownikostwa Berton, chciałem . . . chciałem Pani wyznać, że Pani jest czarującą. Pani może nie tylko zainteresować, ale i rozkochać. Rozkochać do szaleństwa . . .

ANNA MARJA
[*z uśmiechem*] Nawet porucznika ciężkiej artylerji?

AUSTIN
Panno Jacqueline! Ja chciałbym Panią . . . Jabym pragnął być jak najbliżej Pani, jak długo tylko zostanie Pani w Brukseli. Pozwoli mi Pani być . . .

ANNA MARJA
Kim?

AUSTIN
Przewodnikiem, towarzyszem, służącym, niewolnikiem, czym tylko Pani zechce. Pamięta Pani . . . wtedy . . . na manewrach . . .

45

ANNA MARJA
Pamiętam poruczniku . . .

AUSTIN
Więc jednak pamięta Pani! [*całuje ją po rękach*] Dziękuję! Bardzo
dziękuję! . . . Kiedy po kolacji wyszliśmy na balkon . . . przed nami
lśniły pierwsze linje fortyfikacji. . . wtedy spytałem się, czy Pani
zwróciła kiedyś uwagę na oczy człowieka, który kocha?

ANNA MARJA
Wtedy zasłoniłam Panu oczy ręką i powiedziałam, że *ponad
wszystkim*, ponad wszystkim stoi—obowiązek i . . . żeby Pan o mnie
raz na zawsze zapomniał.

AUSTIN
Myślała Pani, że się już nie spotkamy, a tymczasem ja proszę dziś o
wytłumaczenie słów, których nie rozumiałem—*wtedy*!

ANNA MARJA
Nie zrozumie Pan ich nigdy. Nie chcę, żeby je Pan zrozumiał!

[*Drzwiami z prawej wchodzi* ENGEL *w mundurze angielskiego
oficera, podchodzi, kłania się.*]

SCENA 4

ENGEL
Pani! Panie poruczniku Austin! Kapitan Bernaque prosi Pana, jako
najtrzeźwiejszego z towarzystwa, o wygłoszenie toastu
pożegnalnego.

AUSTIN
Idę, już idę. Pani wybaczy—dwie minuty.

ENGEL
Może przedstawi mnie Pan pięknej Pani. Z całą przyjemnością,
dotrzymam jej towarzystwa aż do Pańskiego powrotu.

AUSTIN
Z miłą chęcią—będę bardzo zobowiązany. Pani pozwoli: Major Campbell z angielskiego sztabu, który zaszczycił nasze manewry swoją obecnością—jeden z najlepszych fachowców artylerji— Panna Jacqueline Artopé, córka pułkownika Artopé z 6 pułku strzelców.

ANNA MARJA
Bardzo mi miło. Zdaje mi się jednak, że kiedyś Pańską twarz już widziałam, majorze.

AUSTIN
Z pewnością na manewrach. [*kłania się*] Za dwie minuty stawiam się.

ENGEL
Czekamy.

ANNA MARJA
Na Pana i dwa kieliszki dobrego szampana.

AUSTIN
Będę napewno. [*wybiega na prawo*]

SCENA 5

ENGEL
[*siada, po chwili*] Jacqueline Artopé. Hm . . . nieźle . . . nieźle!

ANNA MARJA
Co Pan chce przez to powiedzieć, Panie majorze?

ENGEL
Nic. Zupełnie nic. Mademoiselle . . . Anna Marie Lesser . . . [*odruch ANNY MARJI, ENGEL mówi spokojnie, wpatrzony w cygaro*] Proszę się nie ruszać. Jestem Niemcem. Porucznik Engel z II oddziału sztabu, Berlin Königgrätzerstrasse. Również w służbie

47

wywiadowczej, jak Pani. A teraz proszę uważać. Dr. Matthesius polecił mi Panią przestrzec przed niejakim Joachimem Costopoulosem, z którym Pani weszła w kontakt. Costopoulos pertraktuje ze sztabem belgijskim i za 30,000 franków skłonny jest wydać listę szpiegów niemieckich w Belgji. To dotyczy przedewszystkiem nas dwoje. Tego człowieka musi się zniszczyć bo inaczej jutro będziemy wisieć. Pani i ja.

ANNA MARJA
[*spokojnie*] Dobrze. Panu wcale nieźle w mundurze angielskim. Mogę prosić o papierosa? Dziękuję. Otóż powiada Pan, że Costopoulosa trzeba skończyć. Bardzo słusznie. Ale jak?

ENGEL
Zostawiam to sprytowi Pani. W każdym razie będę się starał przebywać w pobliżu Pani i jeśliby zaszła potrzeba . . .

ANNA MARJA
Niech Pan nie będzie dzieckiem, jesteśmy otoczeni z wszystkich stron. Jeden lub dwa rewolwery nie wydostaną nas z matni. Lepiej niech Pan sobie dobrze zapamięta to, co teraz mówię: *Liège pozostawiło fortyfikacje z r. 1913. Wszystkie nowsze plany, które otrzymacie, są fałszywe.* Jest to bluff. Dlatego dopuszczono do kradzieży.

ENGEL
Kto ukradł?

ANNA MARJA
Costopoulos. Jest to zapewne jego ostatnia robota dla nas. Za dużo wie, żeby mu Francja lub Belgja za to dobrze nie zapłaciła. Ma zaraz przyjść. Chce mi sprzedać "nowe Liège" za 10,000 mk. w złocie. Ha! ha! ha!

ENGEL
[*skanduje*] Liège. Ważne są plany z r. 1913. Nowsze są bluffem, powtórzę to Matthesiusowi.

ANNA MARJA

I to jak najprędzej. Za 3-4 dni nastąpi przemarsz naszych wojsk przez Belgję. Proszę jechać tej nocy. Ja też postaram się uciec. Jeżeli mi się nie uda, niech Matthesius zawiadomi mają szanowną rodzinkę, że już nie będzie miała przykrości oglądania mnie. Zaległą pensję niech da na Czerwony Krzyż. I te 2000, które zostawiłam u niego, tak samo.

ENGEL

[*całując ją w rękę*] Pani jest wielką patrjotką.

ANNA MARJA

Tak się Panu zdaje? Ja mam inne zdanie o tem. Popełniam zbrodnie, które w cywilizowanym języku XX wieku nazywają się bohaterstwem, tylko dlatego, żeby zaspokoić zbrodnicze instynkta, które drzemią zresztą w każdym człowieku. Jestem tak samo, jak i Pan i Pańscy koledzy—typem Lombrozowskim. Mamy szanse przejścia do historji, jako bohaterowie ojczyzny—bo jesteśmy trochę różni od innych—trochę nienormalni. Mówił Pan o patrjotyźmie. Hm! O jakim? O patrjotyźmie budowanym na fałszywych ambicjach, armatnim mięsie i zarobkach Kruppa? Za słabe fundamenty, dlatego rozpłyniemy się prędzej czy później. Piasek zwykł się zawsze usuwać i . . . usunie się. Ale do rzeczy. Pan za chwilę opuści Bruksele. Którędy Pan jedzie? Przez Holandję?

ENGEL

[*lekko stropiony*] Tak jest.

ANNA MARJA

O ile nie będę wisieć—pojedziemy razem. [*podnosząc głos, kokieteryjnie*] A teraz, majorze Campbell, może opowie mi Pan coś ciekawego. Jestem pewną, że Pan jest świetnym causeurem.

[*Przez hall przechodzą* GOŚCIE.]

ENGEL

Oczywiście. [*podnosząc głos*] Otóż ostatni wypadek tego rodzaju zdarzył się na wyścigach w Eton. Na zwycięzcę derby typowaliśmy wszyscy "Athosa." Był to czterolatek księcia Walji, mający wszelkie warunki zdobycia nagrody Jego Królewskiej Mości. Tymczasem przyszedł czwarty. Kto i kiedy mu wstrzyknął morfinę—to zostało tajemnicą stajni . . . i dżokeja.

ANNA MARJA
Tak. To ciekawe. To bardzo ciekawe. [*szeptem*] Mam myśl. Costopoulos ma tu przyjść z planami. Teczka—rozumie Pan— teczka musi go zdradzić. Reszta do mnie należy. Jasne?

ENGEL
Tak.

[*Na ostatnich słowach Engla wchodzi* AUSTIN *z kilkoma oficerami, trzymając tacę z kieliszkami szampana.*]

ENGEL
[*do wchodzących oficerów*] A! Czekaliśmy Panie poruczniku! O— nawet szampan jest? Cudownie! Pan jest słowny.

SCENA 6

AUSTIN
Mademoiselle! W imieniu 5 pułku ciężkiej artylerji proszę o wypicie kieliszka szampana za zdrowie Pani!

ANNA MARJA
[*bierze kieliszek, drugi podaje* ENGLOWI] Na zdrowie i pomyślność dzielnej armji belgijskiej—[*podnoszą kieliszki*]—i jej króla!
[*siadają*]

AUSTIN
Najmocniej Państwa przepraszam, obiecałem stawić się za 2 minuty, a tymczasem minęło przeszło 5 minut. Ale, ale . . . przerwałem Państwu jakąś ciekawą rozmowę—o ile nie przeszkadzamy—prosimy o ciąg dalszy . . . i słuchamy.

50

ANNA MARJA
Opowiadałam właśnie Panu majorowi—bardzo przepraszam, ale zapomniałam nazwisko.

ENGEL
Campbell, major Campbell.

ANNA MARJA
... Panu majorowi Campbell o wczorajszej przygodzie. Bałam się, że ją odchoruję, tak byłam przejęta.

AUSTIN i OFICEROWIE
Cóż to takiego? Ciekawe!

ANNA MARJA
Otóż wracając wczoraj późnym wieczorem z Akademji Sztuk Pięknych, spostrzegłam pewnego jegomościa, który szedł krok w krok za mną przez pół miasta. Wreszcie, zniecierpliwiona, odwróciłam się nagle i zapytałam ostro, czego żąda odemnie. Dziwny jegomość wyciągnął do mnie swoje długie palce—Boże, ile razy sobie przypomnę te palce, dostaję szoku nerwowego—wyciągnął do mnie palce i złapał mnie za ramię. Odepchnęłam go i pobiegłam do hotelu. Jegomość gonił mnie aż do tych drzwi. [*podnieca się własnymi słowami*] Panowie, ja się go boję, że ile razy pomyślę o nim ... Ach!

SCENA 7

[*Od ulicy wchodzi* COSTOPOULOS *z teczką pod pachą.* ANNIE MARJI *wypada kieliszek z rąk, krzyczy spazmatycznie do oficerów.*]

ANNA MARJA
[*wskazując na Costopoulosa*] To on! To on! Panowie, ratujcie mnie! Ten człowiek mnie prześladuje! Wracałam wczoraj wieczorem do domu—napastował mnie—rzucał jakieś wstrętne propozycje!

51

[COSTOPOULOS *rzuca się do ucieczki, przed drzwiami wahadłowymi staje* ENGEL *i zagradza mu drogę.*]

ENGEL
Stać! Ani kroku dalej!

[OFICEROWIE *nagle otrzeźwieni chwytają go z okrzykami "Stać!" "Wytłumaczyć się!" i t.d.*]

AUSTIN
Kim Pan jest? Proszę się w tej chwili wytłumaczyć! W tej chwili!

ANNA MARJA
Złapał mnie za rękę, chciał mnie pocałować. Zerwał mi z głowy beret. Panowie, ratujcie mnie przed tym człowiekiem! [*płacze*] Czego on chciał odemnie? Przecież ja go nie znam. Co ja mu zrobiłam złego?

AUSTIN
Panno Jacqueline, niech Pani nie płacze. Proszę się uspokoić. Jest Pani pod naszą opieką. To zwykły awanturnik, szukający przygód. Uliczny donżuan, króremu się zaraz da nauczkę! [*Chce* COSTOPOULOSOWI *wymierzyć policzek,* ENGEL *wstrzymuje mu rękę i spokojnym, lodowatym tonem zaczyna mówić, panując całkowicie nad otoczeniem.*]

ENGEL
O nie, Panie poruczniku! Wątpię, żeby ten Pan był zwykłym awanturnikiem. Ma bardzo niewyraźną twarz. Twarz z albumu przestępców. Pozwolą Panowie, że go przeszukam. Mam dość poważne dane, że ten człowiek—jest złodziejem!

COSTOPOULOS
To jest kłamstwo! Jak Pan śmie!

ENGEL
[*spokojnie*] Jeżeli okaże się, że się mylę, przeproszę Pana i jestem do pańskiej dyspozycji. Ale naprzód muszę się dowiedzieć, czego

52

Pan szuka o północy w hotelu, w którym Pan nie mieszka i [*wyrywa mu teczkę*] co Pan ze sobą nosi na takie wycieczki. [COSTOPOULOSA *wstrzymują* OFICEROWIE *i nadbiegły* PORTJER.] Może wytrychy, może łom. Chociaż nie, jakieś mapy, proszę, proszę! Rachuneczki, a nawet plany—Liège r. 1914— proszę, proszę, jakto człowieka nawet bardzo poważnego może zdemaskować namiętność do Panienek z towarzystwa.

[OFICEROWIE *wydobywają rewolwer.*]

ANNA MARJA
[*przez łzy, naiwnie*] Więc to jest człowiek, który ukradł plany Liège? Nigdy nie przypuszczałam, że tak wygląda . . . szpieg.

AUSTIN
Tak. Ma Pani rację. To on. Człowiek, którego szuka cała Belgja!

PORTJER
Na jego głowę nałożono cenę 20,000 franków! Panowie, powiedzcie, że to ja go złapałem! Ja wszystkie pieniądze straciłem. Powiedzcie, że to ja!

AUSTIN
Cicho być! Panie majorze! Jak my się Panu odwdzięczymy? Wyświadczył Pan przysługę całej Belgji.

COSTOPOULOS
Panowie, to jest nieporozumienie! To jest grube nieporozumienie!

AUSTIN
Niech Pan z nas nie kpi—szubrawcze!

ENGEL
Nie macie mi Panowie za co dziękować. Szpiega odkrył prosty przypadek, no . . . i pewne słabostki natury erotycznej. Ja sam muszę się Panom przyznać, że nie podejrzewałem w nim szpiega ani przez chwilę. Chciałem tylko zdemaskować złodzieja. A że zamiast wytrychów nosił plany—podziękujemy wszyscy losowi.

COSTOPOULOS
To jest zasadzka! Podrzucono mi te papiery. Ja jestem niewinny! To ona! Ona jest szpiegiem! Ona mi podrzuciła plany!

ANNA MARJA
Człowieku, czego chcesz odemnie? Przecież wszyscy widzieli jakeś przyszedł z tymi papierami. Co ty wygadujesz?

AUSTIN
Jak śmiesz obrażać córkę pułkownika francuskiego?

COSTOPOULOS
Ja udowodnię Wam, Panowie, że jestem niewinny. Byłem w belgijskim sztabie u gen. Ryckle'a, ofiarowałem mu swoje usługi!

ENGEL
Wystarczy! Sam się przyznał, że jest szpiegiem. A my mamy tu dowody, że jest szpiegiem podwójnym. Panowie, rola moja się kończy! Jestem cudzoziemcem i ująłem się tylko za kobietą. Reszta należy do Panów.

AUSTIN
O jedno tylko poproszę Pana, drogi majorze. Dotrzyma Pan towarzystwa Pani Jacqueline, dopóki nie wrócimy z posterunku żandarmerji.

ENGEL
Z największą przyjemnością. O ile Pani pozwoli.

ANNA MARJA
A więc czekam. Tylko nie długo.

AUSTIN
Za 15 minut jestem na miejscu.

[*Wychodzą, otoczywszy* COSTOPOULOSA. *Z ulicy słychać odjazd samochodów.*]

SCENA 8

ANNA MARJA
Piętnaście minut. To nam wystarczy.

ENGEL
Boy! Płaszcz, czapka, szabla!

ANNA MARJA
Jedyna wolna granica—to holenderska. Jedźmy.

ENGEL
Ma Pani auto?

ANNA MARJA
Stoi przed hotelem.

ENGEL
[*ubrany*] Gotowe. Jedziemy?

ANNA MARJA
Zaraz. Tylko kilka słów do pięknego porucznika René. [*pisze*]
"Kochany panie poruczniku! Z żalem donoszę, iż nie mogę czekać
na Pana. Obowiązki wzywają mnie. Mam nadzieję, że spotkamy się
jeszcze." [*do* BOYA] Jak p. porucznik wróci—proszę mu to oddać.
[*Wychodzi. W drzwiach odpina purpurową różę od płaszcza. Rzuca
ją boyowi ze słowami.*] I to też!

KURTYNA

PRZED TRZECIM OBRAZEM

KABINA I
[*telegrafista*] Czerwone auto . . . kobieta w jasnym sportowym . . .
beret . . . oficer angielski . . . zwłaszcza na granicy holenderskiej . . .
legitymować . . . odstawić . . . pod konwojem . . . natychmiast . . .
Bruksela . . .

KABINA II

[*oficer niemiecki*] Hallo! Rozkaz Naczelnego Dowództwa! Rozpoczynamy ofensywę atakiem części prawoskrzydłowej pierwszej armji. Jutro w nocy przekraczamy granicę Belgji w kierunku Liège. Po zdobyciu Liège siedem armji niemieckich zebranych na linji Akwizgran-Strassburg ma ruszyć naprzód, zachodząc głowną masą przez Belgję ku północnej granicy Francji. Przewidywana kontrofensywa pięciu armji francuskich. W razie jakiegokolwiek oporu Belgji—stosować represje! [*kabina gaśnie*]

KABINA I

Matka . . . ciężko chora . . . przyjeżdżaj . . . natychmiast . . .

KABINA II

[*zaświeca się*] Liège zdobyte 16 sierpnia. Przechodzimy przez Belgję. Kontrofensywa 5-ciu armji francuskich doprowadziła do wielkiej bitwy granicznej w dniach 20-23 sierpnia.

KABINA I

W dniu . . . Nowego Roku . . . 1915 . . . życzymy ci . . . Tatusiu . . . dużo szczęścia . . . i powrotu . . . z frontu . . . do domu . . . Jerzy . . . Anna . . . [*kabina gaśnie*]

KABINA II

Hallo! Meldunek dla Wydziału Wywiadowczego w Ministerstwie Spraw Zagranicznych. Doktor Matthesius. Otrzymaliśmy wiadomość, iż lista szpiegów niemieckich we Francji dostała się w ręce kontrwywiadu francuskiego. Paryż—3, rue François. Prosimy o natychmiastowe polecenia. [*kabina gaśnie*]

III. PARYZ
Rok 1915

[*Biuro kontrwywiadu francuskiego przy rue François, 3. Scena podzielona na dwie części ścianką, idącą od budki suflera do ostatniego planu. W pierwszym pokoju, licząc od lewej—w głębi*] *zakratowane okno, od prawej drzwi do drugiego pokoju, biurko, fotele, łóżko służbowe—siedzi przy biurku DUVAL, na biurku leży BERTRAND z fajką w zębach. W drugim pokoju—w głębi okno po prawej i lewej drzwi. Żołnierze grają w karty.*]

SCENA 1

[*Sierżanci przeglądają album historji szpiegostwa.*]

DUVAL
No wiesz stary—to całkiem historja z kina. To jest niemożliwe żeby ta baba wywiodła w pole całą Brukselę.

BERTRAND
A ja ci mówię, że to całkiem możliwe. Baba kuta na cztery łapy stu mężczyzn kiwnie i śladu po niej nie będzie.

DUVAL
Nie! To niemożliwe!

BERTRAND
Czego się kłócisz, Georges? Stoi jak byk w aktach a ty się kłócisz. Przecież akta policji politycznej to nie bujda kinowa.

DUVAL
No, no czytaj dalej.

BERTRAND
[*czyta*] "Tej samej nocy przekroczyła Anna Marja Lesser granicę holenderską. Towarzyszył jej tajemniczy oficer angielski, który okazał się również agentem wywiadu niemieckiego. W tydzień potem, 4 sierpnia Niemcy, łamiąc umowy międzynarodowe przekroczyli granicę neutralnej Belgji i bez większego trudu zdobyli Liège, którego plany fortyfikacyjne otrzymali od Anny Marji Lesser." [*mówi*] A to ci baba!

DUVAL
Co się z nią potem stało?

BERTRAND
[*czyta*] "W listopadzie wyjechała pod zmienionym nazwiskiem do Anglji, rzekomo na studja malarskie. Mieszkała w Isle of Wight, objeżdżając łodzią motorową wybrzeża angielskie. Dowiedziawszy się, iż wywiad angielski wpadł na jej ślad, wsiada w Dover na statek rybacki, by wrócić do Niemiec. Pod Calais statek uległ katastrofie i Anna Marja zginęła wraz z trzema rybakami. Rysopis [. . . *zależny od aktorki, grającej rolę tytułową*] . . . znaki szczególne: wzrok krótki, nosi czarne okulary rogowe. Z tego powodu nadano jej przezwisko 'Fräulein Doktor.'"

DUVAL
Jacques—mała zmiana.

BERTRAND
Jaka?

DUVAL
Nosiła—nie nosi okulary. Już ją diabli wzięli do siebie. [*śmieją się*]

SCENA 2

[*Przy ostatnich słowach Duvala i śmiechu wchodzi do izby żołnierskiej* ANNA MARJA *w stroju wieśniaczki normandzkiej w czepeczku i sabotach, z kubłem, szczotkami i szmatami na ręku. Żołnierze obskakują ją i zaczynają . . . łaskotać. Anna Marja wydaje pisk trwogi. Sierżanci wypadają z pierwszego pokoju. Żołnierze stają na baczność.*]

BERTRAND
Co się stało? Kto to krzyczy?

DUVAL
[*w pasji*] Co się tu dzieje do jasnej cholery! Zafajdane mordy

rekruckie, nie dość, że wam pozwalam grać w karty podczas dyżuru, jeszcze się ta banda do dziwek bierze, do stu tysięcy diabłów. Nie może se jeden z drugim na mieście kobiety złapać— zafajdane mordy rekruckie? Ja wam tu pokażę! Jeszcze raz a na front! Marie—do pokoju! Porządki robić! Gdzie się dotknąć, błota na trzy palce a ta się z chłopami droczy! Ja wam tu pokażę! Wy! . . . Tyłek zerżnę, że rodzona mama nie pozna! Marie! Do pokoju! Już cię niema! [*zatrzaskuje drzwi za nią—żołnierze zasiadają do kart*]

SCENA 3

[*W pierwszym pokoju* ANNA MARJA *klęka i myje podłogę,* BERTRAND *ubiera płaszcz i pas,* DUVAL *chodzi wściekły po pokoju a w sąsiedniej izbie żołnierskiej.*]

ŻOŁNIERZ I
Ale się stary wścieka. O mało krew go nie zalała.

ŻOŁNIERZ II
Czuje miętę do małej.

ŻOŁNIERZ III
Aha! Taka prawda!
ŻOŁNIERZ II
Nie wierzysz? Przyjdź wieczorem na schody. Zobaczysz jak sobie gruchają. Jak dwie turkawki.

ŻOŁNIERZ III
I po mordzie dostanę od starego, że go podglądam. Wolę nie. Król!

ŻOŁNIERZ II
Walet!

ŻOŁNIERZ I
As! Moje! Po 2 sous do puli.

SCENA 4

[*w pierwszej izbie*]

BERTRAND
Czego się wściekasz? Zazdrosny jesteś o tę pindę?

DUVAL
Zazdrosny, nie zazdrosny, to moja rzecz. Nie mam dziewczynki w każdym quartier jak ty. Stary alfons!

BERTRAND
Nie dziwię się im. Z takim pyskiem? Do widzenia, hrabio! Wychodzę.

DUVAL
Złam nogę!

BERTRAND
Aha! Byłbym zapomniał. Gdzie jest lista szpiegów niemieckich, którą dzisiaj kupili od Bazarda? W kasie?

DUVAL
Akurat w kasie. W biurku. To pewniejsze, bo nikt się nie domyśli. Albo co?

BERTRAND
Tilly telefonował, że jutro nastąpi obława. Przyśle pod noc adjutanta po listę, żeby sporządzić odpisy dla poszczególnych departamentów. Najwyższy czas. Przynajmniej będziesz się mógł ruszyć od biurka. [*wskazując na* ANNĘ MARJĘ *i na łóżko*] Tam.

DUVAL
Dobry z ciebie podoficer wywiadu. No, no! Telefonuje jakieś indywiduum, że przyjdzie drugie indywiduum po listę szpiegów, jedyną listę, jaką posiadamy—a ty: owszem kochany Panie—proszę bardzo. Skąd ty wiesz, że to właśnie Tilly telefonował? Takich rzeczy nie załatwia się telefonicznie. Przychodzi się po nie samemu. Nie dam!

60

BERTRAND
Duval, przecież nie jestem idjotą. Poznałem jego głos.

DUVAL
Właśnie, że jesteś idjotą. Głos można zmienić, a za głupotę idzie się pod słupek. Nie dam! Niech przyjdzie sam!

BERTRAND
Rób jak chcesz. Powiedziałem, co mi kazał a ty możesz się do tego zastosować albo nie. Zresztą adjutanta znam.

DUVAL
A ja go nie znam i nie dam! Uważałem cię zawsze za inteligentniejszego, Jacques. Ja w mojej karjerze dostałem już 10 takich telefonów a wszystkie okazały się fałszywe. Co do jednego! Sierżant Georges Duval—ha! ha! ha! Nie da się wziąć na kawał. Nie jest nowicjuszem w służbie wywiadowczej tak jak poczciwy Jacques Bertrand, handlarz wina, sierżant rezerwy. Tfu! Rezerwy. Ale teraz wyłaź z pokoju, bo mam coś obgadać z Marie.

BERTRAND
Rozumiem, rozumiem. Już mnie niema. Do widzenia Casanowo do Seingalt.

[*Przechodzi przez izbę żołnierską, grozi palcem żołnierzom i wychodzi na prawo.*]

SCENA 5

DUVAL
[*kręci się po pokoju, bierze fajkę, odkłada, wreszcie się decyduje*]
Marie! . . . Marie! . . . Jak tam będzie z nami? No? . . .

ANNA MARJA
Et! Dałby mi Pan spokój. Stary człowiek i takie rzeczy się go trzymają.

61

DUVAL
Wcale nie taki stary. 49 wiosen. Jestem w kwiecie wieku.

ANNA MARJA
[*chichocze*] Hi, hi, hi! Alem się obśmiała!

DUVAL
[*urażony*] Cóż w tem takiego śmiesznego? Głupia koza.

ANNA MARJA
Akurat tyle ile mój tata. No! Z rękami pod kościół! Bo zaraz uciekam! Człowiekowi pracować nie da. Co jest?

DUVAL
[*biegnie za nią*] Marie! Marie!

ANNA MARJA
[*za biurkiem*] Co się Panu stało? Panie Duval?

DUVAL
Marie! No, Marie! Nie dasz całusa? To sam wezmę. [*Dogania ją przed biurkiem, obejmuje wpół, ona odpycha go z piskiem. Podczas szamotania ANNA MARJA szarpie niby przypadkowo za klucz od szuflady. Szuflada wylatuje na ziemię, wraz z papierami.*]

DUVAL
[*krzyczy*] Stać! Nie ruszać się! Bo strzelam!

ANNA MARJA
[*przestraszona*] Co się stało?

DUVAL
[*przychodzi do siebie*] Nic . . . nic . . . Przekręć klucz w zamku. Tak.

[DUVAL *trzęsącymi rękami pakuje papiery do szuflady, papiery rozlatują się. Duval ponownie segreguje a w sąsiedniej izbie.*]

SCENA 6

ŻOŁNIERZ II
Słyszałeś?

ŻOŁNIERZ I
Zamknął drzwi.

ŻOŁNIERZ II
Będziemy mieli szefową. Sprytna szelma.

ŻOŁNIERZ III
A wyglądała na takie niewiniątko. "Pani sierżantowa."

ŻOŁNIERZ I
Od lewej ręki. Dobre ciałko!

ŻOŁNIERZ II
Aha! Lewa moja.

ŻOŁNIERZ I
Guzik twoja. Moja! Dałem króla a ty damę.

ŻOŁNIERZ II
Dobrze. Niech będzie twoja.

ŻOŁNIERZ I
Jak będziesz szachrował, to po mordzie nawalę. Mam dosyć tego.
Po 10 sous.

ŻOŁNIERZ III
Po 10.

SCENA 7

[*w pierwszej izbie*]

ANNA MARJA
Ja Panu pomogę.

DUVAL
Nie ruszaj się. [*po chwili*] Albo zresztą chodź. Jesteś dzięki Bogu głupia, jak but. Ręce masz czyste?

ANNA MARJA
Mam.

DUVAL
No to zbieraj. Nie tak garściami! Po jednemu! Po jednemu! Czego się tak śpieszysz?

ANNA MARJA
Co to jest?

DUVAL
Lista. Adresy. Co cię to obchodzi!

ANNA MARJA
Nic. Ino się pytam. Naprzód to Pan był ze mną taki grzeczny i tylko gadał: Marie chodź tu! Marie chodź tam! A teraz z pyskiem.

DUVAL
Nie masz się czego rzucać. To są sprawy urzędowe.

ANNA MARJA
Aha, od mera. Książki gruntowe.

DUVAL
Ależ ty jesteś głupia, Marie! Ale zato jesteś ładna. O, tego nie można zaprzeczyć! Tylko trochę brudna. Ale to nic nie szkodzi. Kupię ci szczotkę ryżową. No dzięki Bogu wszystko w porządku.

Nikt by nie spostrzegł, że to wszystko na ziemi było.

[*wstaje z klęczek i siada na fotelu*] Marie! Chodź! Chodź do mnie!

ANNA MARJA
Poco?

DUVAL
Chodź do mnie—nie, nie bój się, nic ci nie zrobię. Powiem ci coś.
Coś poważnego. No chodź, chodź. Siadaj sobie tutaj i słuchaj.
Widzę, że jesteś porządną dziewczyną. Taką, jak się to mówi
solidną.

ANNA MARJA
Chyba! Chodzę co tydzień do spowiedzi.

DUVAL
To bardzo ładnie z twojej strony, Marie. A teraz powiedz mi coś na
ucho, tak tylko dla mnie. Czy ty kiedyś tak z chłopem . . . tego . . . ?

ANNA MARJA
Ja? Co Pan myśli. Że ja nieporządna? Co ja złego zrobiłam?
[*płacze*] Pan sobie myśli, że ja taka jak te z miasta, co to za
sukienkę albo za kapelusz! . . . Jak mnie z domu na służbę dawali to
mi tata gadał, że jak z dzieckiem wrócę, to mnie paskiem od portek
spierze i w morzu utopi. A Pan mnie z takiemi słowami. [*płacze*]

DUVAL
No, uspokój się, Marie! Niema o co beczeć. Nic ci nie zrobiłem.
Spytałem się tylko, tak na próbę. Otóż słuchaj uważnie co ci
powiem . . .

ANNA MARJA
No?

DUVAL
[*uroczyście*] Mam pod Paryżem, w Argenteuil mały domek, z
ogródkiem warzywnym, z sadem, a jakże, wartości 60,000 franków

i mieszkam sam. Potrzebuję dobrej gospodarnej żony, żeby mi gotowała (o, bo ja jestem smakosz) coby mi prała, szyła i robiła porządek. No, co—chciałabyś, żebym się z tobą ożenił?

ANNA MARJA
Ale tak naprawdę ze ślubem, na biało, z weselem, czy ino tak na wiarę jak gospodyni u proboszcza?

DUVAL
Naprawdę—ze ślubem, na biało, z weselem. A ja będę we fraku.

ANNA MARJA
[*siada mu na kolana i obejmuje go*] Tak trzeba było gadać odrazu. Która baba na to nie pójdzie.

DUVAL
Już nie jestem dla ciebie za stary?

ANNA MARJA
Na męża to chłop nigdy nie jest za stary.

DUVAL
[*zachowuje się coraz agresywniej*] Zgrabna jesteś i jędrna. Taka twarda. A piersi to masz takie małe. Ale zato twarde i okrągłe. Takie jak ja lubię. Wiele masz lat?

ANNA MARJA
Tata mówił, że 20.

DUVAL
A będziesz mi dobrze gotowała? Na oliwie? Bo ja tylko jadam na oliwie.

ANNA MARJA
Będę. Na oliwie. Tylko na oliwie. No, nie łaskotaj!

DUVAL
A nóżki, fi, fi, fi! Trochę brudne, ale cienkie jak u sarenki.

66

ANNA MARJA
Ino bez sarenki. Agata od starego Jeana też miała jednego, co jej
mówił, że ma jak u sarenki—a potem Agata miała trojaczki a on
pojechał za robotą. Naprzód ślub.

DUVAL
To weźmiemy ślub. Stoi? [*nadstawia rękę*]

ANNA MARJA
[*bije zwyczajem jarmarcznym*] Stoi!

[*Od ulicy dobiegają dźwięki "Madelon" granej przez orkiestrę i
śpiewanej przez wojsko. Okrzyki publiczności "Vivent les poilus!"
DUVAL w pierwszej, a ŻOŁNIERZE w drugiej izbie rzucają, się
do okien, wachlują chustkami i wznoszą, okrzyki. ANNA MARJA
podchodzi do łóżka służbowego i z kubła wydobywa flaszkę
skondensowanego chloroformu.*]

DUVAL
[*od okna nie odwracając się*] Marie, chodź, zobacz naszych poilus!
Co ty tam robisz?

ANNA MARJA
Idę! Idę! Scierka mi upadła!

[*Orkiestra zbliża się, okrzyki rosną. DUVAL i ŻOŁNIERZE
śpiewają przy oknach "Madelon." ANNA MARJA decyduje się:
szybkim ruchem rozbija butelkę o brzeg łóżka, wylewa chloroform
na koc, ściąga go z łóżka, podchodzi z tyłu do Duvala. Zarzuca mu
na głowę koc i podbija nogi. Duval pada i pląta się w kocu
przesyconym chloroformem. Anna Marja przyciska go kolanami i
rękami tak długo, aż przestaje się ruszać. Potem wiąże mu koc na
głowie pasem służbowym, wyciąga z szuflady listę szpiegów, kładzie
ją do kubła, na to szmaty i wychodzi przez 2-gą izbę. Przez całą
scenę żołnierze śpiewają przy oknie, pozdrawiając przechodzące
ulicą, pułki i orkiestrę. Pożądany wielki gwar—orkiestra, śpiewy i
okrzyki.*]

SCENA 8

ŻOŁNIERZ I
[*odchodzi od okna*] Nowa paczka poszła na front. Nie długo kolej na nas.

ŻOŁNIERZ II
[*ditto*] Aha! Za miesiąc nas tu napewno nie będzie. Chyba na cmentarzu Père Lachaise.

ŻOŁNIERZ I
Akurat! Będziesz gryzł w dole, razem z innymi a nie na Père Lachaise. Arystokrata.

ŻOŁNIERZ II
Wiesz Jean—to ciekawe. Ile razy widzę nowy odmarsz na front stają mi przed oczyma czarne doły i pobielane krzyże z napisami: "poległ na polu chwały." Hm. "Pole chwały, pole chwały."

ŻOŁNIERZ I
Nie jesteś zbyt gorącym patrjotą.

ŻOŁNIERZ II
Trudno! Instynkt samozachowawczy . . .

ŻOŁNIERZ III
[*od okna*] Patrzcie! Patrzcie! Marie wsiada do taskówki. Pewnie zawróciła głowę jakiemuś szoferowi, a ten ją wozi za darmo. Ma dziwka szczęście, naprzód sierżanta, potem szofera . . . Kto wie, czy na pułkowniku nie skończy. A pułkownik dziś szarża! Ho! Ho! Ale jak ona wyszła od Duvala. Nawet jej nie spostrzegłem.

ŻOŁNIERZ I
[*pociąga nosem*] Słuchajcie, Panowie, czy mi się zdaje, ale tu coś czuć.

ŻOŁNIERZ II
[*tak samo*] Aha! Coś słodkiego.

68

ŻOŁNIERZ III
Pocałunki Marie.

ŻOŁNIERZ II
Nie gadaj głupstw! Co to jest?

ŻOŁNIERZ III
Aha! Rzeczywiście. Chloroform. Z tamtego pokoju.

ŻOŁNIERZ I
Cóż oni tam pili chloroform zamiast Anjou.

ŻOŁNIERZ II
Tak! Tak! To chloroform.

ŻOŁNIERZ III
Panowie, coś tu niewyraźnie. Chyba nie uśpili Duvala?

ŻOŁNIERZ II
Takiego morowca? Niema obawy.

ŻOŁNIERZ III
A jednak boję się, że tam coś zaszło. Marie wsiada do taksówki, z pokoju czuć chloroform . . . coś mi się to wszystko nie podoba. [*puka do drzwi kilkakrotnie bez skutku*] Panowie, musimy wejść do pokoju!

[*Wywalają drzwi, które* ANNA MARJA, *wychodząc, zamknęła na klucz, przyskakując do Duvala, leżącego bez ruchu, zdejmują mu koc, dusząc się co chwila, starają się go ocucić—jednak bez skutku. Przeniesiony na łóżko* DUVAL *bełkocze kilka słów bez związku, odwraca się do ściany i zasypia.*]

ŻOŁNIERZ III
Mówiłem wam! Powinniśmy byli przyjść wcześniej.

ŻOŁNIERZ I
Ale kto mógł przypuszczać?

ŻOŁNIERZ II

Wody! Kubeł wody na głowę!

ŻOŁNIERZ III

Nic nie pomoże. To jest skondensowany chloroform. Gdyby nie okna otwarte, wszyscy byśmy leżeli. [*wskazuje na biurko*] Przekleństwo!

ŻOŁNIERZ I i II

Co się stało? Co się stało?

ŻOŁNIERZ III

Biurko! Biurko otwarte! Papiery!

ŻOŁNIERZ II

Rany Boskie! Pójdziemy pod słupek!

ŻOŁNIERZ I

Panowie! Spokoju! Szukać Marji! To ona . . .

ŻOŁNIERZ II

Tak, to ona! Agentka niemiecka. Z całą pewnością.

ŻOŁNIERZ I

Charles! Do telefonu! Na policję! Na żandarmerję!

ŻOŁNIERZ II

Pędzę! A ty dzwoń do komendanta! [*wybiega na prawo*]

ŻOŁNIERZ I

Skończone! Idziemy na front albo pod słupek!

ŻOŁNIERZ III

Przeklęty Duval i jego dziwki!

ŻOŁNIERZ I

[*przy telefonie*] Hallo! Hallo! Wagram 14-28! Hallo! Tak—14-28. Przecież mówię wyraźnie . . . Wagram 14-28! Hallo! Tu kontrwywiad. Rue François–szeregowy Jean Claudière przy aparacie. Zawiadomić komendanta: agentka niemiecka uśpiła sierżanta Duvala i wykradła jakieś papiery. Nie wiemy, jakie. Skąd ja mogę wiedzieć. Co? Co? Niema komendanta? Gdzie? Z sierżantem Bertrand? Kiedy? Pytam się kiedy—do cholery? Więc jest, czy go niema? Hallo! Hallo!

SCENA 9

[Przy ostatnich słowach żołnierza wchodzi od prawej przez drugą izbę kpt. TILLY z sierżantem BERTRAND.]

TILLY
Co się tu stało? Czyście poszaleli?

BERTRAND
Co się stało z Duvalem? Zachorował? Coś tu czuć . . . czy to chloroform?

ŻOŁNIERZ I
Melduję posłusznie . . . melduję posłusznie . . .

TILLY
Wystękajże raz, idjoto, co tu się stało?

ŻOŁNIERZ I
Melduję posłusznie: uśpiono sierżanta Duvala i wykradziono jakieś papiery z szuflady!

BERTRAND
Bodaj was krew zalała! Lista szpiegów! Jedna lista szpiegów!

TILLY
Jak się to stało? Gadać w tej chwili!

ŻOŁNIERZ III
Przysięgam Panie kapitanie, że byliśmy cały czas trzeźwi. Nikt się

71

nawet nie zdrzemnął. To chyba cud! Nie mogliśmy się nawet domyślić . . .

BERTRAND
Ale kto? Kto?

ŻOŁNIERZ III
Melduję posłusznie . . .

BERTRAND
[*trzęsie nim*] Nie melduj posłusznie, bo w mordę kuję. Kto? Kto tu był?

ŻOŁNIERZ II
Marie! Posługaczka Marie! To ona . . .

TILLY
Dość! Będziesz się tłumaczyć przed sądem wojennym. Sierżancie Bertrand, proszę pilnować drzwi, żeby mi się nikt nie ruszył.

BERTRAND
[*wyciąga rewolwer*] Rozkaz, kapitanie!

TILLY
[*przy telefonie*] Komenda Placu! Ko-men-da Pla-cu! Hallo! Komenda! Tu kapitan Tilly z II Oddziału. Proszę notować. Przed chwilą popełniono w biurze kontrwywiadu przy rue François kradzież listy szpiegów niemieckich. Tak, z biurka sierżanta dyżurnego. Kontrolować pociągi, obsadzić dworce i rogatki, rewidować każdego, kto wejdzie na peron i w tej chwili przysłać patrol po dyżurnych oskarżonych o zdradę stanu. Równocześnie zwołać na wieczór posiedzenie sądu wojennego.
[*spostrzega na biurku czarne rogowe okulary, które wkładała* ANNA MARJA *przy czytaniu aktów podczas kradzieży*] Kradzieży dokonała najprawdopodobniej agentka wywiadu niemieckiego Anna Marja Lesser, znana jako "Fräulein Doktor."

KURTYNA

72

PRZED CZWARTYM OBRAZEM

KABINA I
[*radiotelegrafista*] Hallo! Tu wojskowa stacja nadawcza Wieża Eifla. Komunikat dla posterunków granicznych. Z Paryża zbiegła agentka wywiadu niemieckiego Anna Marja Lesser, znana pod pseudonimem "Fräulein Doktor." Wzrost . . . oczy . . . włosy . . . nos . . . ubrana w suknie wieśniaczki normandzkiej, na głowie chustka czerwona, grube pończochy, saboty.

KABINA II
Hallo! Tu stacja krótkofalowa na linji Nasproue, według ostatnio otrzymanych wiadomości z szosy Nasproue-Eupen granicę, przekroczyła kobieta, której rysopis zgadza się z rysopisem podanym przed 5-ciu godzinami przez wojskową stację nadawczą z Wieży Eifla. Na granicy w odległości 500 m. od szosy znaleziono trupy: 2 strażników granicznych i jednego żołnierza. Każdy z nich miał w pierwsiach kulę rewolwerową—kaliber .35.

KABINA I
Hallo! Tu Berlin. Podajemy ostatni komunikat biura korespondentów wojennych z dnia 21 lutego 1916. Nasze bohaterskie wojska posuwają się ku północy. Marszałek Falkenhayn uderzył na wystający punkt frontu: twierdzę Verdun. Jego Cesarska Wysokość Cesarz Wilhelm II przybył osobiście na linję ognia. Na tym kończymy komunikat i podajemy dokładny czas. Jest za 15 sekund 12-ta. Przełączamy na mikrofony zegara miejskiego. [*gaśnie*]

[KURTYNA *idzie do góry wśród 12 uderzeń zegara*]

IV. BERLIN
Rok 1916

[*Fragment gabinetu* ANNA MARJI: *biurko i 2 fotele, rzucone na tło czarnych kotar. Ciemność. Tylko przy biurku, przy którym pracuje Anna Marja pali się ostra lampa techniczna obracalna we wszystkich kierunkach. Pożądany reflektor z galerji, oświetlający 2 metry kwadratowe przestrzeni wymienionej. Anna Marja pracuje w czarnych rogowych okularach.*]

SCENA 1

[*Zegar wieżowy wybija 11-tą. Ktoś puka.*]

ANNA MARJA
Proszę wejść!

MATTHESIUS
Nie przeszkadzam?

ANNA MARJA
Nie, doktorze. Skończyłam wszystko. Następną konferencję naznaczyłam na 12-tą. Ma Pan coś nowego?

MATTHESIUS
Falkenhayn uderzył na Verdun.

ANNA MARJA
Wiem o tem. To będzie nas grubo kosztować. A zresztą?

MATTHESIUS
Z biurowych spraw prawie nic. Zgłosił się niejaki Gerhard. Proponuje usługi w Anglji. Ma tam sklep naprzeciw Foreign Office.

ANNA MARJA
Znam go. Blagier. Gdzie jest?

MATTHESIUS
Na dole.

ANNA MARJA
Niech czeka. Ma czas.

MATTHESIUS
Jest jeszcze kilka spraw, ale już prywatnej natury. Dotyczą one Pani.

ANNA MARJA
Mnie? Zaciekawia mnie Pan!

MATTHESIUS
Anno Marjo Lesser. Pozwolę sobie złożyć Pani najserdeczniejsze gratulacje. Cesarz przyznał Pani za słynną sprawę paryską order Czarnego Orła. Najwyższy czas—nawiasem mówiąc—należało się to Pani od roku.

ANNA MARJA
[obojętnie] Order Czarnego Orła? Trzeba go było powiesić na pierwszym lepszym grobie żołnierskim. Ja jeszcze żyję. To wszystko? Bardzo mało!

MATTHESIUS
I polecił podwyższyć Pani pensję do 20,000 marek.

ANNA MARJA
Poco? Nie prosiłam go o to. Niech Pan powie Cesarzowi, że wdowy po żołnierzach poległych za Hohenzollernów otrzymują po 25 mk. miesięcznie i konają z głodu. Niech nie mnoży kosztów administracji z nie swoich pieniędzy.

MATTHESIUS
Pani jest dziwną kobietą. Trudno z Panią rozmawiać.

ANNA MARJA
To niech Pan nie rozmawia! Nikogo nie proszę o to! . . . Przepraszam . . . uniosłam się zupełnie niepotrzebnie. Jestem trochę podenerwowana.

MATTHESIUS
Rozumiem Panią najzupełniej i mimo wszystko—podziwiam.

ANNA MARJA
Mimo wszystko?

MATTHESIUS
No . . . mimo pewnej szorstkości . . . która. . . hm . . . czasem razi.
Zwłaszcza u płci pięknej.

ANNA MARJA
Panie doktorze! Niech się Pan dobrze zastanowi nad tym
nonsensem, który Pan w tej chwili powiedział. Ja—kobietą? Kiedy
byłam dla was kobietą? Czy wtedy, kiedy w czasie ucieczki z
Nasproue zastrzeliłam trzech żołnierzy, żeby ocalić własne życie,
czy w Paryżu, kiedy musiałam przez 3 miesiące noc w noc
szorować podłogę, żeby dotrzeć do aktów kontrwywiadu, czy może
w Brukseli albo w Londynie, kiedy byle mydłek w mundurze, z
monoklem w oku mógł mnie ściskać pod warunkiem, że coś
wiedział o armji aljantów? Wtedy? Czy wogóle daliście mi czas być
kobietą?

MATTHESIUS
[*po chwili*] Anno Marjo! Pozwoli mi Pani dzisiaj być szczerym.
Najwyższy czas przerwać między nami ten mur kłamstwa i
ostrożności. I tę komedję kompromisu służby z człowiekiem . . .
Proszę nie myśleć bynajmniej, że się w Pani kocham. Mógłbym być
Pani ojcem i nigdy się nie ośmieszam. Ale niech mi Pani wierzy, że
pragnąłbym dla Pani dużo, dużo szczęścia. Szczęścia, które mnie
zawsze w życiu omijało. Pani jest tego warta. Wierzy mi Pani?

ANNA MARJA
Słucham Pana. Proszę mówić.

MATTHESIUS
Chciałem się Panią o coś zapytać. Odpowie mi Pani na każde
pytanie?

ANNA MARJA
Tak.

MATTHESIUS
[*całuje ją w rękę*] Dziękuję. Trudno mi postawić to pytanie.

ANNA MARJA
Mam Pana ośmielić?

MATTHESIUS
Pytanie to stawiam jako człowiek i jako doktor medycyny. Czy . . .
czy . . . Pani już jest kobietą?

ANNA MARJA
Nie!

MATTHESIUS
Jakto? Niech mi Pani wybaczy obcesowość tego pytania—więc
Pani nie była kochanką Wynanky'ego?

ANNA MARJA
Nie!

MATTHESIUS
Dlaczego?

ANNA MARJA
Nie chciał.

MATTHESIUS
Może nie mógł.

ANNA MARJA
Nie chciał.

MATTHESIUS
Był chory?

ANNA MARJA
[*milczy*]

MATTHESIUS
Rozumiem. Teraz wszystko rozumiem.

ANNA MARJA
O nie! Pan nie zrozumiał. Mimo, że powiedziałam Panu całą
prawdę. Ja czekam—*całe życie czekam.*

MATTHESIUS
Jeżeli życzenie starego, złamanego życiem człowieka może Pani
przynieść szczęście . . . życzę, Pani, żeby . . .

ANNA MARJA
Dziękuję, Panu—niestety za późno. Jest już za późno. [*chwila
milczenia*]

MATTHESIUS
Postawię Pani jeszcze jedno pytanie. O wiele mniej drażliwe niż
tamto.

ANNA MARJA
Słucham.

MATTHESIUS
Skąd Pani, kobieta, bierze tyle sił? Pracuje Pani w nocy, w dzień
śpi. To jest nie normalne, ale zrozumiałe. Ale *jak* Pani pracuje—to
jest dla mnie zagadką. Od dwóch lat jest Pani mózgiem niemieckiej
armji, z każdym Pani słowem liczy się Hindenburg, Lüdendorf,
Falkenhayn—dwoi się Pani i troi—skąd ta energja. Dlaczego Pani
ani razu nie osłabła w tej strasznej walce z ludźmi? Co Panią
jeszcze trzyma na nogach?

ANNA MARJA
[*wyjmuje z biurka pudełko i podaje je* MATTHESIUSOWI]

MATTHESIUS
[*ogląda, wącha—nagle*] Co . . . co to jest? Kobieto? To jest
morfina!

78

ANNA MARJA

Dziwi to Pana? To jest moje fatum. Każdy ma swoje.

MATTHESIUS

Anno Marjo! To szaleństwo. Niech się Pani nie niszczy! Pani ma 20 lat, jest Pani piękna, utalentowana—cały świat ma Pani przed sobą! Ja Panią będę leczył. Na własny koszt. Bez niczyjej wiedzy! Dam Pani półroczny urlop—wyjedzie Pani do sanatorjum . . . Anno Marjo! Ja nie dopuszczę—mnie nie wolno dopuścić—do Pani *śmierci*!

ANNA MARJA

[*słabym nawet monotonnym dalekim głosem wizjonerki*] O nie, doktorze! Wszelka pomoc jest zbyteczna. Jestem już w tym stadjum, które jest mocniejsze od wiedzy lekarskiej. Kończę się, doktorze, tak jest—kończę się i za rok może już mnie nie będzie. Zostanie o mnie wspomnienie, kilka kart historji i legendy o dziwnej nie normalnej kondotierce XX wieku, której życie było jednym wielkim paradoksem: *dążyła do celu—bez celu*.

Frenologowie będą opukiwać moją czaszkę, badać szwy, psychologowie będą snuć teorje, powieściopisarze obiorą mnie za temat do pseudo-psychologicznych rozważań, a żaden nie domyśli się, że to była tylko kobieta, która poznała życie zawcześnie i zawiele chciała z niego wyciągnąć. Z losem nie można walczyć, doktorze. Wiedzieli o tem dobrze Aischylos, Sofokles i im współcześni. My tylko zapomnieliśmy o tem.

[*z ironją*] Zdobywcy świata! Od ludzi pierwotnych różnimy się tylko techniką, maszynami. Z resztą niczem. Zapominamy, że nad śmigłami, motorami i pasami transmisyjnymi unosi się jeszcze coś—fatum—los, którego nikt nie pokonał i nie pokona. I ja go nie pokonam. W tym leży cała tajemnica moja i setek ludzi, którzy swojej tajemnicy nigdy nie poznają.

MATTHESIUS

To co Pani mówi jest straszne!

ANNA MARJA

Jestem na granicy obłąkania—dlatego widzę więcej niżbym widzieć chciała. To wszystko.

MATTHESIUS

[*po dłuższej chwili*] Więc Pani nie chce się leczyć? Absolutnie?

ANNA MARJA

Doktorze—nie bądź dzieckiem. Za późno! Najstraszniejsze słowo w słowniku świata. [*po chwili*] Zapomnijmy o tym, cośmy mówili. Musimy mimo wszystko robić—to, co musimy. I w tym leży nasza tragedja. Jutro wyjeżdżam na front!

MATTHESIUS

Nie pozwolę na to! Którędy się Pani dostanie? Przecież nie przedrze się Pani przez linję ognia?

ANNA MARJA

O nie, są inne drogi. Naprzykład—morze.

MATTHESIUS

Którędy? Na linji jest flota francuska i angielska. Wodą się Pani nie przedostanie.

ANNA MARJA

[*z uśmiechem*] Więc zostaje tylko jedna droga.

MATTHESIUS

Samolotem? Wykluczone! Zastrzelą!

ANNA MARJA

A pod wodą?

MATTHESIUS

Jakto—pod wodą?

ANNA MARJA

Ministerstwo wojny oddało mi do dyspozycji łódź podwodną U-

Boot 29. Dostanę się pod linją do Barcelony a stamtąd pod Verdun.

MATTHESIUS
[*zakłada ręce*] Pani jest genjuszem.

ANNA MARJA
Jestem na granicy obłąkania. Mówiłam to już Panu, doktorze.
Dlatego mam szersze horyzonty. Ale przedtem . . .

MATTHESIUS
Przedtem . . . ?

ANNA MARJA
Przedtem zostawię biuro na Königgrätzerstrasse wolne od "upiora."

MATTHESIUS
Pani ciągle o tem myśli? Pani dalej sądzi, że . . .

ANNA MARJA
Nie tylko sądzę, ale dziś jestem tego pewna, że listy szpiegów nie
sprzedał Francji ani Bazard ani jej nie znaleziono u żadnego z
pomniejszych agentów. Tamte listy były niekompletne. Mamy
zdrajcę tu—na Königgrätzerstrasse—w naszym sztabie głownym.

MATTHESIUS
To niemożliwe—nas jest zaledwie kilku, wszycy wypróbowani,
Herst, Engel, Mueller . . .

ANNA MARJA
A jednak Francja otrzymuje wiadomości z pierwszej ręki nim dojdą
do naszych agentów francuskich.

MATTHESIUS
Hm . . . tak wygląda . . .

ANNA MARJA
[*podsuwa mu papiery*] 23 listopada zaangażowaliśmy Lensena. 27
przekroczył granicę francuską. Rozstrzelano go 28. Nikt z naszych

agentów francuskich nie wiedział jeszcze o istnieniu Lensena. Więc kto?

MATTHESIUS
Nie wiem.

ANNA MARJA
A ja wiem, i dlatego poproszę Pana o pozostawienie mnie samej na pół godziny. Proszę łaskawie schować tę kopertę. [*podaje*] Jeżeli do godziny pół do pierwszej nie zadzwonię do Pana—proszę kopertę otworzyć.

[MATTHESIUS *wychodzi.*]

SCENA 2

ANNA MARJA
[*przy aparacie*] Hallo! Proszę kapitana Engla do siebie.

[*pisze przez dłuższą chwilę, ktoś puka*] Proszę!

ENGEL
Wzywała mnie Pani?

ANNA MARJA
Oczywiście—inaczej by Pana tu nie było. Proszę, niech Pan siada!

ENGEL
[*siada*] Pani jest dziwną kobietą.

ANNA MARJA
[*oschle*] Już to dziś słyszałam.

ENGEL
Odemnie?

ANNA MARJA
O nie. Domyśla się Pan dlaczego Pana wezwałam, kapitanie?

ENGEL
Nie.

ANNA MARJA
Tem gorzej. Rozmowa nasza się przedłuży. [*podaje mu papierosy, zapalają, nagle pyta*] Gdzie Pan był wczoraj wieczorem?

ENGEL
W teatrze. Dlaczego się Pani pyta?

ANNA MARJA
To moja rzecz. Ale w teatrze Pan nie był. Pan kłamie.

ENGEL
Anno Marjo! Kto Pani pozwolił . . .

ANNA MARJA
Przedewszystkiem Pan będzie łaskaw mówić do mnie: Panno Lesser. Nie znoszę, gdy mi ktoś mówi po imieniu. Przypomina mi to czasy, kiedy musiałam szorować podłogi.

ENGEL
Czy sądzi Pani, że miałbym w tym jakiś cel, żeby Panią okłamywać?

ANNA MARJA
Widocznie, jeżeli Pan kłamie. [*podaje bilet*] Oto bilet z nieoddartym kuponem, który znaleziono nad ranem w pańskim smokingu.

ENGEL
Pani mnie szpieguje!

ANNA MARJA
Nie trudno zgadnąć, jeżeli Panu oddaję *pański* bilet, znaleziony w *pańskim* smokingu.

ENGEL
Czy Pani zdaje sobie sprawę, co Pani grozi za posądzenie oficera sztabu?

ANNA MARJA
Czy ja Pana o coś posądzam? Kto Panu o tem mówił? [*z ironją*] A może kocham się w Panu i dlatego Pana śledzę? Chociaż Pan i tak żonaty. Więc zazdrość nie na miejscu. [*zimno*] Mówił Pan o "zdaniu sobie sprawy." Kochany Panie! Mam pełne plenipotencje od ministra wojny i używam ich od 2 lat, o ile Panu wiadomo.

ENGEL
Więc o co Pani chodzi?

ANNA MARJA
Ma Pan chwilę czasu?

ENGEL
Oczywiście. Przecież chciałbym wiedzieć . . .

ANNA MARJA
W takim razie opowiem Panu pewną historyjkę, która się zdarzyła przed miesiącem w Paryżu. Pracownica krawiecka od Wortha skopiowała kilka modeli sukien wieczorowych i sprzedała je konkurencyjnej firmie.

[*podaje dziennik* ENGLOWI, *który go bierze machinalnie*] Skazano ją na trzy miesiące więzienia. Wie Pan dlaczego na nią padło podejrzenie? Była najzdolniejszą pracownicą w całym magazynie. Bardzo zdolną. Zdolną do wszystkiego. Ja Pana obserwowałam w Brukseli, Panie kapitanie. Pan był najzdolniejszy z oficerów wywiadu.

ENGEL
Jak Pani śmie! Ja Pani udowodnię . . .

ANNA MARJA
[*wpada w słowo*] Ależ o to chodzi, kapitanie, o to chodzi, żeby mi

Pan udowodnił, że się mylę. Ale Pan mi nie udowodni, bo Pan . . . nie może.

ENGEL

Czy Pani wie, jakim zaufaniem obdarza mnie Jego Ekscelencja?

ANNA MARJA

Wiem—i wiem, że *je* Pan nadużył. Dlatego stoi Pan tu jako oskarżony.

ENGEL

Jako oskarżony? [*śmieje się*] Za daleko zaszłaś, moja Panienko! Nie przeczę, że okazałaś się bardzo zdolną urzędniczką—ale to za mało, za mało! Rozumiesz! Mnie, kapitana sztabu generalnego Jego Cesarskiej Mości oskarżać o zdradę? O szpiegostwo? Ja już dawno wiedziałem, że walka rozegra się między nami, tylko między nami. Ale niedoczekanie twoje!

ANNA MARJA

[*spokojnie*] Pan skończył?

ENGEL

Tak. Skończyłem. Dodam tylko, że albo ja albo ty wyjdziesz z tego pokoju!

ANNA MARJA

Ja!

ENGEL

Co? Kto?

ANNA MARJA

Nic. Mówię, że ja wyjdę z pokoju. A może zostanę—to będzie zależało odemnie.

ENGEL

Zobaczymy! Jesteśmy sami na całym piętrze! Zo–ba–czy–my. Ty— ty . . .

85

ANNA MARJA

Może Pan się uspokoi i usiądzie. Miałam Pana za bardzo mocnego przeciwnika a Pan tymczasem się ośmiesza. Nie znoszę pajaców. Pozwoli mi Pan powiedzieć kilka słów? Ewentualnie mogę poczekać.

ENGEL

Proszę—proszę mówić!

ANNA MARJA

Szukałam przez dwa lata dowodu—bo wiedziałam, że Pan stoi na usługach angielskiego wywiadu. Dziś rano wpadł mi w rękę szyfrowany list do generała Smitha. List ten pochodzi od Pana.

ENGEL

[*nagle blednie, chwyta się za serce i zaczyna charczeć*]

ANNA MARJA

Co się Panu stało? Serce? Widzi Pan, trzeba unikać silnych wrażeń. Może szklankę wody? Nie? Lepiej Panu? No to mówię dalej: wtedy los pański się rozstrzygnął. List dostanie się za chwilę do rąk Matthesiusa. Za 10 minut. Ale niema go tu u mnie, niech się Pan nie łudzi. Jest w drodze.

Pan się skończył. Mówię to Panu z ubolewaniem nie jako patrjotka, bo te sprawy mnie nie obchodzą. Anglicy są takimi samymi ludźmi jak my i nie widzę powodu, żeby ich mordować w imię dawno przebrzmiałych haseł. Mówię tylko jako lojalna pracowniczka firmy, która poniosła szkodę, przez sprzedanie jej sekretów. Lojalność i uczciwość przedewszystkim były, kapitanie Engel. Pan się skończył.

ENGEL

[*złamany*] Pani! Pani chce mnie zniszczyć. Za co? Co ja Pani złego zrobiłem?

ANNA MARJA

Pan się sam zniszczył. Mówię w tej chwili jako kupiec, jako szef firmy. Pan skradł i zdradził. Poniesie Pan karę. Zresztą jak Pan słusznie przed chwilą zauważył—albo Pan, albo ja. A ja muszę żyć. Wprawdzie nie zależy mi na tem zupełnie, ale muszę. Jutro wyjeżdżam na front. Nie chcę, żeby mnie spotkał los Lensena.

ENGEL
Mam żonę, małe dziecko! Przecież Pani jest kobietą! Pani będzie kiedyś matką.

ANNA MARJA
[*ostro-histeryczny krzyk*] Nie! Nie jestem kobietą! Nie będę nigdy matką! Nie wolno Panu tego mówić! [*uspokaja się*] Znowu uniosłam się niepotrzebnie. Otóż nie chcę przedłużać tej niemiłej rozmowy. Ma Pan do wyboru—proces, na którym jako główni świadkowie figurować będą Pańska żona i dziecko, hańba i w każdym razie słupek. Albo . . . samobójstwo z powodu przegranej w karty. Oczywiście, odchodząc może mnie Pan zastrzelić, o ile Pan to potrafi, ale to nie przesądzi sprawy. Proszę wybierać!

[*Z podwórza za sceną słychać daleki odgłos kroków kompanji karnej, werbel towarzyszący egzekucji, komendę i strzał 12 karabinów. Efekt bardzo daleki. ENGEL i ANNA MARJA siedzą nieruchomo naprzeciw siebie.*]

ANNA MARJA
Czekam.

ENGEL
Ma Pani rację—idę!

ANNA MARJA
[*podaje mu rewolwer*] Chwileczkę, rewolwer!

ENGEL
Mam swój.

ANNA MARJA
Pan chodzi od miesiąca ze ślepymi nabojami. Proszę!

[ENGEL *bierze rewolwer, ogląda się i odchodzi.*]

ANNA MARJA
[*przy aparacie*] Hallo, Dr. Matthesius? Już jestem wolna. Ależ proszę—proszę bardzo! [*opada śmiertelnie znużona na fotel i chwilę siedzi bez ruchu, oparłszy głowę na ręce*]

SCENA 3

MATTHESIUS
[*wchodząc, z kopertą w ręce*] Jestem. A teraz może mi Pani wytłumaczy, co kryje w sobie ta koperta.

ANNA MARJA
Może Pan ją zniszczyć. Albo nie—niech Pan jeszcze zaczeka.

MATTHESIUS
[*podchodząc*] Co Pani jest? Wygląda Pani dziwnie zmęczona. Serce?

ANNA MARJA
O nie. Mam serce zupełnie zdrowe. Tylko niestety, nawet najzdrowsze serce odczuwa silniejszą dawkę morfiny i po chwili—reaguje.
[*Za sceną rozlega się strzał.*]

MATTHESIUS
Co to jest?

ANNA MARJA
Nic. Absolutnie nic. Kapitan Heinrich Engel popełnił samobójstwo. Karty! Dług honorowy! Może Pan zniszczyć kopertę!

KURTYNA

88

V. VERDUN
Rok 1917

[*Fragment baraku podziemnego na linji ognia, vide "Kres Wędrówki" lub "Rywale." W środku na ostatnim planie schody prowadzące na okop. Z lewej wejście od kurytarza podziemnego z II linji okopów. Na dwóch stołach rozrzucone w nieładzie bandaże, środki dezynfekcyjne i narzędzia chirurgiczne. Z prawej wielki odbiornik radjowy, na nim ramowa antena. Ciszę przerywa ostry grzechot karabinów maszynowych i huk pękających granatów. Błyski. Po lewej na kupie noszów siedzi LEKARZ i pali.*]

SCENA 1

TELEFONISTA
[*wchodząc*] Cześć, Panie doktorze! Ciepło—nie?

LEKARZ
Aha! Ale przytym wszystkim mało strat. Niema nic do roboty.

TELEFONISTA
Dzięki Bogu! Będzie jeszcze mniej, jak Amerykanie wylądują.

LEKARZ
To już nie długo, sierżancie?

TELEFONISTA
Za tydzień najdalej. Kolację Pan jadł?

LEKARZ
Jeszcze nie. Mam czas.

TELEFONISTA
Jakto czas? Dziesiąta dochodzi. Pan musi dużo jeść, doktorze. Robi Pan w dzień, w nocy. Trzeba jeść. Ja tam sobie nie żałuję. Zjadłem paczkę konserw i suchary, a popiłem połówką Chateau-Lafitte, Papa Jean przywiózł z domu 12 butelek. Trzeba jeść, doktorze, bo

siły zabraknie. Jesteśmy na najdalej wysuniętym posterunku. Musimy mieć silne nerwy i pełny żołądek. To grunt!

LEKARZ
Et wszystko mi jedno.

TELEGRAFISTA
Dlaczego, doktorze? Nie ma Pan rodziny?

LEKARZ
Miałem.

TELEGRAFISTA
A teraz?

LEKARZ
Trzech synów padło w pierwszym roku wojny. Matka umarła w rok potem. Nie mam do kogo wracać.

TELEGRAFISTA
Rozumiem. Dlatego Pan siedzi tu. Szuka Pan śmierci.

LEKARZ
Szukam, nie szukam. Jest mi najzupełniej obojętne.

TELEGRAFISTA
Dlatego Pan jest jedynym z nas, który się nie boi.

LEKARZ
Pan się boi, sierżancie?

TELEGRAFISTA
Kto się nie boi? Każdy.

LEKARZ
Czego? Śmierci?

TELEGRAFISTA
Nie. Wszystko mi jedno—dziś, czy za 20 lat. Boję się kalectwa. Nie chcę wracać do domu bez rąk, albo ślepy! Brrr! Wolałbym sobie w łeb strzelić, niż być żywym trupem. Cały dzień siedzieć albo leżeć bez ruchu. Żeby mi pakowali do ust jedzenie, a pod tyłek nocnik? Nie! Śmierć jest stanowczo lepsza.

LEKARZ
Czym Pan jest w cywilu?

TELEGRAFISTA
Złodziejem.

LEKARZ
Co? Jak? Złodziejem!

TELEGRAFISTA
Bardzo proste. Złodziejem. Kieszonkowcem. Pracuję od 8-ej wieczorem do rana na Montmartre. Kiedyś byłem, jakto się mówi, porządnym człowiekiem. "Podporą społeczeństwa." Pracowałem w telefonach razem z moją dziewczynką. Ale jak ona dostała syfilisa od vice-dyrektora, rozbiłem mu mordę kastetem i poszedłem do więzienia. No i tam koledzy nauczyli mnie wszelkich prawideł sztuki złodziejskiej. Przez trzy lata opróżniałem kieszenie spleenowatych Anglików w "Moulin de la Galette," "Tabarin" i "Fantasio." Czasem nawet zapuszczałem się i na pola Elizejskie. To też fach, doktorze. Dlatego boję się kalectwa. Człowiek ślepy albo bez rąk nie może pracować. Czem będę wyciągał portfele? Nogami?

LEKARZ
Z Pana też dziwny człowiek. Niby inteligentny, a . . . bez skrupułów.

TELEGRAFISTA
Skrupuły? Co Pan wygaduje, doktorciu? Jeżeli wolno mi teraz mordować rzeźnika z Berlina—jakie mógłbym mieć skrupuły, wyciągając pieniądze innemu rzeźnikowi, powiedzmy z Chicago.

Najwyżej nie pójdzie na dziewczynki tego dnia. Jak mnie złapią na kradzieży w czasie pokoju, dostanę trzy miesiące. A jak mnie złapią na morderstwie w czasie wojny—dostanę krzyż walecznych. Już mnie się lepiej opłaca trzy miesiące. Nie lubię mokrej roboty.

LEKARZ
Może Pan ma rację . . .

TELEGRAFISTA
Napewno, doktorze, napewno! Jak 2 a 2 jest 4. Ale na mnie czas. [*nakłada słuchawki od aparatu*] O, już jest sygnal. Doktorze, doktorze, prędko ołówka, bo zapomniałem. [*pisze*]

[*Wchodzi* SANITARJUSZ *z dwoma* ŻOŁNIERZAMI, *nakładają nosze jedne na drugie i wychodzą.* LEKARZ *porządkuje instrumenty i środki dezynfekcyjne. Huk granatów i grzechot karabinów maszynowych się wzmaga.*]

TELEGRAFISTA
[*po chwili*] Psiakrew! Lampa poszła spać. Granat musiał wyrżnąć gdzieś blisko, czy co? [*bada odbiornik*] Tak, lampa. Ale kawałek mam.

LEKARZ
Co tam nowego?

TELEGRAFISTA
[*czyta*] "Dzisiaj w południe wyjechała na front—stop—ekspedycja pań sanitarjuszek południowo-amerykańskich—stop—pod przewodnictwem Miss Horne—stop—3 samochody z apteką—stop—przyjąć bez obaw—stop—podpisane: szef departamentu zdrowia, Bonteur."

LEKARZ
To się pysznie składa, bo zostałem z gołymi rękami. To wszystko, co na stole. Niech Pan Bóg da zdrowie tym damulkom.

TELEGRAFISTA
Napewno jakieś splenowate "damy"—nudzą się w domu. A tak
wycieczka, trochę wrażeń, mały flircik z porucznikiem, nastrój,
granaty pękają—zawsze to lepsze niż romans z murzynem.

LEKARZ
O, wstydziłby się Pan brać wszystko z odwrotnej strony, całe życie!
Nie wierzy Pan w dobroć, w filantropję?

TELEGRAFISTA
Perskie oko, Panie doktorze. Filantropia to dobra posada dla
filantropów. Ci co żebrzą, będą dalej żebrać.

LEKARZ
Dobrze, dobrze—co tam słychać dalej?

TELEGRAFISTA
Właśnie, że nic nie słychać. Urwało się. [*czyta z drugiej kartki*]
"Ostrzegamy, iż na linji ognia—stop—pojawiła się agentka
wywiadu—stop—" i to wszystko. Lampa poszła spać. [*wyciąga
lampę z aparatu i rzuca o ziemię*] Dobrze, ale jakiego? Chyba nie
naszego, bo by nie ostrzegali. Pewnie niemieckiego.

LEKARZ
"Fräulein Doktor."

TELEGRAFISTA
Nie, zanadto ją znają. To byłaby już bezczelność z jej strony. Sądzi
Pan, że to wszystko prawda, co o niej opowiadają?

LEKARZ
Myślę, że tak.

TELEGRAFISTA
To musi być morowa baba. Ładna?

LEKARZ
Nie wiem. Być może.

TELEGRAFISTA
Napewno ładna. Inaczej by sobie nie dała rady z oficerami. Musi mieć temperament, że proszę siadać, coś jak Mata Hari, nie? Albo większy.

LEKARZ
Może. Nie widziałem jej nigdy. Prawie wszyscy mówią o niej, a jak przyjdzie co do czego, okazuje się, że nikt jej nie widział, więcej tam plotki jak prawdy.

TELEGRAFISTA
Chciałbym ją spotkać. Na całym St. Denis mówią, że Georges Loiseau nie da się kiwnąć żadnej kobiecie. O! wziąłbym ją na bas!

SCENA 2

[*Atak wzmaga się, coraz silniejsze efekty akustyczne. Od lewej gwar—ŻOŁNIERZE i SANITARJUSZ wnoszą na noszach AUSTINA i MAURIACA. LEKARZ podbiega do nich. Ruch. TELEGRAFISTA wychodzi na lewo. Natężenie ataku słabnie, od czasu do czasu słychać trąbkę.*]

SANITARJUSZ
[*nad* AUSTINEM] Nic groźnego. Złamanie ręki i nogi. Przysypany ziemią przez wybuch granatu. Powinien zaraz przyjść do siebie.

LEKARZ
[*nad* MAURIACEM] Bandaż! Jak się Pan czuje?

MAURIAC
[*jęczy*] Nie widzę! Nic nie widzę! Czy tu jest ciemno?

LEKARZ
[*daje znaki* SANITARJUSZOWI] Zupełnie ciemno, Panie kapitanie. Nie możemy zapalić nawet świeczki, bo światło nas zgubi. Jesteśmy przecież na linji ognia. Gdzie Pan jest? Ja sam Pana nie widzę.

MAURIAC
Tu, Panie doktorze! O tak! Proszę mi podać rękę. Dziękuję Panu.

SANITARJUSZ
Panie doktorze, niema już bandażów. Co zrobić?

MAURIAC
Niech się Pan nie oddala! Boję się! Mam twarz pełną odłamków granatu, ale jestem przytomny, zupełnie przytomny! Doktorze! Ratujcie tylko moje oczy! Oczy! Ja muszę widzieć! Boję się ciemności! Na litość Boską, doktorze, zapalcie jakieś światło! Ja nie widzę! Nie widzę!

SANITARJUSZ
[*ściąga z niego płaszcz, którym jest przykryty i pas koalicyjny z rewolwerem, wiesza je na kołku u wejścia, na ścianie—rannego owija w koc*] Wszystko w porządku, Panie kapitanie. Zaraz będzie światło, zaraz Pan będzie widział, tylko trochę spokoju.

MAURIAC
[*Podczas, gdy* SANITARJUSZ *wiesza płaszcz, wstaje zwolna i potykając się, idzie na przód sceny. Zwraca do publiczności twarz, zalaną krwią.*] Ludzie, nie okłamujcie mnie! Przecież ja nie widzę! Ja nigdy nie będę widział! Nigdy! Czy wiecie, co to znaczy? Zostawiłem w domu żonę i dwoje dzieci, jedno ma 4 lata, drugie 10 miesięcy! Ja te dzieci muszę wychować, ja im muszę dać jeść! Zaco mnie Bóg skarał? Przecież ja nikomu krzywdy nie zrobiłem! [*klęka*] Ludzie, którzy widzicie, ratujcie mnie! Oddajcie mi oczy! Moje oczy! [*pada zemdlony*]

[*coraz słabiej*] Głowa mnie boli . . . krew . . . krew . . .

SANITARJUSZ
[*ociera mu twarz gąbką*] Już się robi. Proszę się uspokoić. A to co z nim się stało? Panie kapitanie, słyszy mnie Pan? Zemdlał? [*krzyczy*] Panie doktorze! Panie doktorze! Kapitan zemdlał.

[*Przenoszą* MAURIACA *na nosze.*]

LEKARZ

[*nad* AUSTINEM] Czego się drzesz, durniu? Przecież nie jestem głuchy! Nie wiesz, co się robi z zemdlonym? Cuci się go, idjoto! Bandaż! Od pół godziny krzyczę: bandaż i bandaż! A ten stoi jak ciele. Bandaż! Przecież on zginie z upływu krwi!

SANITARJUSZ

Meldowałem już Panu doktorowi, że nie mamy bandażów! Skończyły się.

LEKARZ

Przekleństwo! Co robić? Ten człowiek skona mi na rękach!

[*Zdejmuje biały płaszcz lekarski, drze go na kawałki i owija nimi* AUSTINA. *Od lewej wchodzi* ANNA MARJA *w trenchcoacie i czapce automobilowej, na ramieniu opaska Czerwonego Krzyża, w ręce walizka. Z nią kapitan* LATOUR.]

SCENA 3

LATOUR

To tutaj, proszę Pani. Jest to najdalej wysunięta placówka. O ile się Pani decyduje tu zostać . . .

ANNA MARJA

Zdecydowałam się natychmiast po przybyciu, kapitanie. Nie zmieniam moich postanowień.

LATOUR

Ostrzegam Panią, że jesteśmy o 100 metrów od okopów niemieckich.

ANNA MARJA

Wiem o tem, ale to mnie nie przestrasza.

LEKARZ

[*biegnąc do stołu, potrąca* ANNĘ MARJĘ] Proszę mi się tu nie

96

pętać, co to za porządki! Tu nie jest dancing!

LATOUR
Niech Pani wybaczy, ale ten człowiek nie jest obowiązany do grzeczności w takiej sytuacji.

ANNA MARJA
Nic nie szkodzi. [*stawia walizkę, zdejmuje czapkę*] Doktorze, jestem Miss Horne, z ekspedycji sanitarnej. Czem mogę służyć?

[*Wnoszą jeszcze dwie nosze z rannymi i ustawiają na podłodze.*]

LEKARZ
[*nad* AUSTINEM] Co za głupie pytanie! Pomagać! [*wskazuje na nowych rannych*] Ma Pani dosyć trupów do dyspozycji.

[ANNA MARIA, LEKARZ, SANITARJUSZ *opatrują rannych, żołnierze pomagaja. Po chwili.*]

LEKARZ
[*do* ANNY MARJI] Bandaże są?

ANNA MARJA
Są. [*wyciąga z walizki i podaje*]

LEKARZ
Dziękuję. Przyszły w sam czas.

[*Opratrunki, jak poprzednio. Atak ucichł zupełnie. W oddali daje się słyszeć trąbka.*]

LEKARZ
[*zrywa się*] Co to jest?

ANNA MARJA
Co to?

SANITARJUSZ
Trąbka.

SCENA 4

TELEGRAFISTA
[*wybiega od lewej*] 2-ch Bochów podeszło do naszych okopów z białą szmatą. Pewno chcą zabrać tej nocy rannych. Kilkugodzinne zawieszenie broni!

LATOUR
Nam też się to przyda. Do drugiej linji! Idę. [*wychodzi*]

SCENA 5

TELEGRAFISTA
[*wchodzi na ostatni schodek, wyciąga chustkę i krzyczy łamaną niemczyzną*] Zum zweiten! Weiter! Weiter! Zum zweiten! [*schodzi*] Też zabawki dla starszej młodzieży. Naprzód się bijemy, potem odpoczywamy, a potem znowu się bijemy. Całkiem jak dzieci w parku Mont-Souris. Bawią się w indjan i traperów, jeden szczeniak dostaje w mordę i zabawa się przerywa. [*Widząc, że go nikt nie słucha, kiwa ręką, siada na stole, zapala papierosa z papierośnicy* ANNY MARJI, *którą bierze z otwartej walizki. Ogląda papierośnicę i chowa do kieszeni.*]

ANNA MARJA
[*pochylona nad rannym*] Papierosa może Pan wziąść, ale papierośnicę niech Pan zostawi. To pamiątka.

TELEGRAFISTA
[*zmieszany*] Oh, Madame! Bardzo mi przykro, ale przyzwyczajenie jest drugą naturą, jak powiedział . . . nie wiem, kto powiedział. Ale miał rację.

ANNA MARJA
[*podchodzi do niego*] Pan jest bardzo, bardzo przystojnym chłopcem.

TELEGRAFISTA
Madame jest bardzo uprzejma.

ANNA MARJA
. . . ale głupim! [*wybucha śmiechem*] Jakie funkcje Pan pełni?

TELEGRAFISTA
Jestem sierżantem oddziału łączności.

ANNA MARJA
I nudzi się Pan, jak wszyscy w łączności, nieprawdaż?

TELEGRAFISTA
[*dumny*] O, tak, my inteligenci, fachowcy, mamy, oczywiście, mniej roboty. Uwaga na morfinę, Madame!

ANNA MARJA
[*drgnęła*] Na jaką morfinę? Co to Pan za głupstwa wygaduje?
TELEGRAFISTA
Nic. Tylko o mało nie wywróciła Pani słoika z morfiną. Stoi obok Pani.

ANNA MARJA
Ach tak! Hm, ciekawe. Nawet nie myślałam, że trzymacie morfinę tak na stole.

TELEGRAFISTA
Co Pani chce . . . pół kila dziennie. Stacja opatrunkowa na samym froncie. Pi!

ANNA MARJA
[*z zainteresowaniem ogląda słoik*] Tak na wiarę, bez kontroli?

TELEGRAFISTA
Oczywiście! Kto i kiedy miałby kontrolować. Przynoszą nieraz takich, którym musi się dać dwa lub trzy zastrzyki przed wyjęciem kuli. Końskie zdrowie, nie? Dlaczego się Pani pyta?

ANNA MARJA
Tak sobie. Bo ja nie wzięłam do ekspedycji ani grama. Dobrze że jest na miejscu.

LEKARZ
Bandaż! Bandaż!

SANITARJUSZ
Już biegnę! Jest! Proszę!

[*Od lewej wchodzi żołnierz z kubełkiem, pędzlem i paczką afiszów. Nalepia na ścianie u wejścia na ziemię list gończy z fotografją artystki, odtwarzającej rolę głowną. Potem odchodzi na lewo.*]

ANNA MARJA
[*bierze lorgnon*] Co to jest?

TELEGRAFISTA
List gończy. Widziałem taki sam w III-cim Baonie. [*czyta*] Ostrzegamy komendantów posterunków granicznych oraz placówek frontowych przed agentką wywiadu niemieckiego Anną Marją Lesser, znaną pod przydomkiem "Fräulein Doktor." Oczy . . . wzrost . . . (*rysopis aktorki*). [*podczas czytania z początku mimowoli, potem coraz częściej przenosi wzrok na Annę Marję*] . . . Należy do najniebezpieczniejszych szpiegów niemieckich. Ktokolwiek oddałby ją do dyspozycji władz, uwiadomił je o miejscu jej pobytu, lub przyczynił się do schwytania wyżej wymienionej—otrzyma nagrodę w wysokości 100,000 franków. [*mowi*] Ładna sumka! Warto by zarobić.

[*Chwila martwej ciszy. ANNA MARJA dobywa obojętnie puderniczkę, pudruje się i przygląda w lusterku.*]

ANNA MARJA
Zeby była trochę ładniejsza, powiedziałabym, że jest nawet podobna do mnie. Wygląda na zezowatą. Zęby też ma trochę zniszczone.

TELEGRAFISTA
Oj, kobiety, kobiety! Zawsze wam jedno na myśli.

ANNA MARJA
[*przysuwa się do niego*] A dla kogo mamy być piękne, sierżancie?

TELEGRAFISTA
Oczywiście—dla nas.

ANNA MARJA
. . . Panów świata . . .

TELEGRAFISTA
Pani mnie przekonała, Madame, i sierżant Georges Loiseau prosi o pozwolenie ucałowania pięknej małej rączki. [*całuje*]

ANNA MARJA
Sierżancie Georges Loiseau, proszę mi nie kręcić głowy, bo . . . mogłabym się zapomnieć. [*z uśmiechem*] Pan jest stanowczo za przystojny jak na sierżanta. [*szeptem*] Pan działa na kobiety!

TELEGRAFISTA
[*szeptem*] Madame!

ANNA MARJA
Ale muszę wracać do rannego. Może Pan będzie tak łaskaw przynieść mi trochę wody, bo tu widzę jej niema.

TELEGRAFISTA
Madame, jestem na jej usługi.

[*Wybiega na lewo. Podczas ostatnich słów jego* LEKARZ, *idąc do drugich noszów, spostrzega na ścianie list gończy, nakłada okulary i czyta, za nim* SANITARJUSZ. ANNA MARJA, *korzystając z tego, iż odwróceni są do niej plecami, podchodzi do stołu, wysypuje morfinę do papieru i chce schować do płaszcza. W drzwiach staje* TELEGRAFISTA *z kubelkiem wody. Anna Marja podbiega i kładzie palec na ustach.*]

TELEGRAFISTA
[*szeptem, z uśmiechem*] "Coco? [*"Koko"—żargon paryski*]

ANNA MARJA
Ani słowa nikomu, sierżancie!

TELEGRAFISTA
Pary z gęby nie puszczę! Jestem z fachu, sam przez 2 lata sprzedawałem "coco" po barach. Dyskrecja zapewniona.

ANNA MARJA
Ręka?

TELEGRAFISTA
Sztama! Pod warunkiem . . .

ANNA MARJA
Co?

TELEGRAFISTA
Papierośnica moja. Ta pamiątkowa.

ANNA MARJA
Załatwione. [*podaje mu*]

TELEGRAFISTA
Załatwione! I ewentualnie . . .

ANNA MARJA
Nie dzisiaj. Jutro . . .

LEKARZ
Sierżancie, nie flirtować! Wody! Pęta się Pani i pęta!

SANITARJUSZ
[*odbiera kubełek*] Jest woda!

[*cucą Austina*]

SCENA 6

LATOUR
[*wchodzi od lewej*] Proszę państwa! Miła nowina! 4-o godzinne
zawieszenie broni! Sprzątamy trupy. Widzę, że Pani pracuje, jak
zawołana siostra miłosierdzia.

LEKARZ
[*opryskliwie*] Pan znowu tu. Nie ma Pan nic do roboty? Tylko latać
za spódniczką?

LATOUR
Nie gderaj, staruszku. Nie gderaj! Od miesiąca mam pierwsze 4
godziny odpoczynku.

LEKARZ
To niech Pan idzie spać.

LATOUR
Niema mowy. Panie pracują, a ja miałbym iść spać? Niemożliwe!

ANNA MARJA
[*nad* AUSTINEM] Jeżeli Pan nie ma nic do roboty, to proszę mi
pomóc przewinąć tego majora belgijskiego. Nie miałam nawet
czasu obmyć mu twarzy z błota. O tak, dziękuję. Zdaje mi się, że
przychodzi do siebie. Otworzył oczy.

AUSTIN
[*słabym głosem*] Ręka! Rękę mam złamaną! Ach! Noga! Złamana!

103

ANNA MARJA
Tak jest, ręka i noga złamana. Proszę się nie ruszać, bo dopiero co założyliśmy opatrunek. Za miesiąc będzie wszystko w porządku. Tylko trochę cierpliwości.

AUSTIN
Dziękuję! Dziękuję bardzo! Gdzie ja jestem?

ANNA MARIA
W szpitalu polowym, majorze. Pod dobrą opieką. Pojedzie Pan jutro do Paryża naszymi samochodami. Tylko spokojnie, proszę się nie ruszać.

AUSTIN
Przepraszam Panią. Skądś mi jej głos znajomy. Proszę się nachylić nademną.

ANNA MARJA
[*odchodząc w bok*] Przywidzenie, majorze. Przyjechałam przed tygodniem z Venezueli. Może podobny?

AUSTIN
Ja ten głos już słyszałem.
[*podnosi się z trudnością na lewym łokciu i wpatruje się w cofającą się* ANNĘ MARJĘ, *nagle kryzyczy*] Aresztować ją! Aresztować! Warta! Do mnie! Aresztować tę kobietę! To "Fräulein Doktor"!

ANNA MARJA
Ten człowiek jest w gorączce. Majaczy! Trzeba go uspokoić! Panie majorze, Pan jest ciężko chory—proszę się nie denerwować. Niech się Pan położy, może szklankę wody?

AUSTIN
[*z pasją*] Panowie, nie wierzcie jej! Nie mam żadnej gorączki, jestem przy zdrowych zmysłach. Ja ją znam—oszukała nas w Brukseli przed 3-ma laty. Poznałem jej głos i twarz! To ona! "Fräulein Doktor"—największy szpieg niemiecki! To ona wykradła paryską listę szpiegów! Aresztować ją! Panowie—na litość

Boską—aresztować ją! Na jej głowę naznaczono cenę 100,000 franków.

LATOUR

[*przystępuje*] Miss Horne, jest mi bardzo przykro, ale obowiązkiem moim jest zatrzymać Panią aż do wyjaśnienia sprawy. Zechce się Pani wytłumaczyć! To jest bardzo ciężki zarzut. Proszę odpowiadać!

[ANNA MARJA *błyskawicznie odtrąca kapitana, staje na schodkach prowadzących na ziemię, wyciąga z torby* MAURIACA, *wiszący u wejścia, rewolwer, z kieszeni trenchcoatu drugi i celuje w obecnych.*]

ANNA MARJA

Ręce do góry!

[*podnoszą*]

Tak! Ten człowiek miał rację. Jestem "Fräulein Doktor." To ja oszukałam przed trzema laty Pana Austina i cały sztab belgijski—to ja wykradłam paryską listę szpiegów. Napisałam Panu, Panie Austin w Brukseli, że się jeszcze spotkamy i rzeczywiście spotkaliśmy się po trzech latach tu pod Verdun. Ale teraz już po raz ostatni. Mogłabym Pana zastrzelić na miejscu, ale nigdy nie przelewam krwi niepotrzebnie tak jak wy, bohaterowie kuli i bagnetu. I teraz jedna słaba kobieta trzyma was w szachu! Ostrożnie sierżancie Loiseau—ręka z kieszeni bo strzelam! Tak! O 200 metrów przedemną są okopy. Dojdę do nich—nikt mnie nie zatrzyma, bo chroni mnie opaska Czerwonego Krzyża i zawieszenie broni. Kto z was miałby ochotę krzyknąć, temu wpakuję kulę w pierś.

Do widzenia!

[*Wychodzi tyłem, szachując obecnych dwoma lufami rewolwerów. Wszyscy stoją jak wryci. Po chwili kapitan z okrzykiem "Panowie za mną!" rzuca się za nią. Gdy staje na najwyższym stopniu okopu,*

105

rozlega się strzał i kapitan wali się ze schodów. Z daleka słychać śmiech ANNY MARJI. *Kilka odległych strzałów okrzyki i rozpoczyna się normalna kanonada.* TELEGRAFISTA *schodzi ostrożnie wzdłuż ścian na okop. Patrzy przez lornetkę. Wszyscy podchodzą do schodów. Pytają "Doszła?" Scena gaśnie. Błysk. Huk pękającego granatu. Okop wali się wśród zupełnej ciemności. Jeszcze kilka błysków.*]

KURTYNA

VI. BERLIN
Rok 1918

[*Fragment pokoju prywatnego* ANNY MARJI, *stolik i kilka fotelików rzuconych na ciemne kotary. Noc. Przy stoliku, na którym się pali lampa, siedzi w płaszczu* MATTHESIUS.]

SCENA 1

PANI HAMMER
[*wchodzi*]

MATTHESIUS
No i jak tam, Pani Hammer? Co słychać z naszą pacjentką? Śpi jeszcze?

HAMMER
[*szeptem*] Pst! Już się obudziła. Zaraz wstanie.

MATTHESIUS
I to tak codziennie? O tej samej porze? Dochodzi północ.

HAMMER
A tak, Panie doktorze. Kładzie się spać ze świtem, a wstaje o północy. Już od pół roku. Ale, ale—byłabym zapomniała. Przyniósł Pan doktor?

106

MATTHESIUS
[*podaje*] Tylko ostrożnie. Dwie porcje na dobę.

HAMMER
O! Ja już będę uważała. Tylko jak widzę pierwsze objawy ataku, zaraz wstrzykuję. O, morfina jest wielkim dobrodziejstwem, Panie doktorze! Inaczej byłoby już dawno po Panience. Taka młoda, taka ładna, a już nic nie wie, co się koło niej dzieje. Czy to już na zawsze, Panie doktorze? To nieuleczalne? A może ona się jeszcze zbudzi? Czy to już . . . [*wskazuje na czoło*]

MATTHESIUS
Nie wiem napewno, Pani Hammer. Ale boję się, że Pani ma rację. A jak się Anna Marja zachowuje wtedy, kiedy nie śpi? Niech Pani siada.

HAMMER
Dziękuję ślicznie Panu doktorowi. Już siedzę. Ano jak wstaje, pije trochę czerwonego wina i je trochę tego . . . tego no, tego od ryb.

MATTHESIUS
Kawioru.

HAMMER
Tak, tak, kawioru. A potem siada—o tak w fotelu i patrzy na ulicę. A potem kładzie się spać.

MATTHESIUS
Nic więcej nie robi? To wszystko?

HAMMER
Ano tak! Czasem czyta.

MATTHESIUS
Gazety?

HAMMER
Nie—gdzie tam. Książki. Takie grube. O leży tu. [*podaje*]

MATTHESIUS
[*ogląda*] Aha! A ataki powtarzają się często?

HAMMER
Teraz to już rzadziej. Raz na tydzień, raz na dwa tygodnie. Dawniej to było ho! ho!

MATTHESIUS
Jak się wtedy zachowuje?

HAMMER
Krzyczy i krzyczy. Naprzód coś rachuje, kombinuje jakieś a, b, x, potem krzyczy do kogoś, woła "Matthesius, Matthesius, na pomoc!"

MATTHESIUS
Co! Jak Pani mówi?

HAMMER
Woła "Matthesius na pomoc!" . . . "Oni mnie dobiją" . . . "Ja przecież nie chciałam zabijać—to oni . . ." i zaraz—zaraz, co Panienka jeszcze krzyczy . . . aha! "Tak, to ja! To ja jestem 'Fräulein Doktor." "To ja," powiada, "to ja!" Jaka tam ona "Fräulein Doktor." Przecież tamtą Francuzy zabili. Gazety o tem pisały długo i szeroko. Jako, że poległa na polu chwały, a jakże, że nawet ciała nie znaleziono, by uczcić chrześcijańskim pogrzebem. Jaka ona tam "Doktor" . . . Et, biedna Panienka. Pewnie za dużo gazet czytała i przejęła się tym wszystkim. A może chłopak ją zdradził i jej się tak ze zmartwienia pokręciło.

[*paple szybko*] Tak jak tej małej Dorocie, co to ją zdradził ten pompier od straży ogniowej, co to chodził z drugą, z tą ze szwalni, mimo, że ta druga miała narzeczonego i chodziła z nim do Wintergartenu, a jak raz Dorota zobaczyła pompiera w kinie . . .

MATTHESIUS
[*hamuje ją*] Zaraz, zaraz, spokojnie, Pani Hammer. Odbiegliśmy od tematu. Mówi Pani, że krzyczała "Matthesius, na pomoc!" Tak?

HAMMER
Ano tak. A nie wie Pan doktor, kto jest ten Matthesius? Pewnie z polityki, Ekscelencja. Musi mieć pieniądze, powóz na gumach, ordery, nie? Mówiła mi ta, która mleko sprzedaje, o ta tu, na dole, że tym większym to ordery dają co miesiąca. Razem z pensją żeby im wystarczało, to wynaleźli różne klasy, pierwsza klasa, druga klasa, trzecia klasa, bronzowy, srebrny, złoty—tak, żeby wystarczyło na każdego pierwszego. Ale zaraz, zaraz, co ja tu chciałam powiedzieć. Aha, O Matthesiusie. Ale chyba to nie jest Ekscelencja, jeżeli o nim nic nie pisali w gazetach. A zresztą skąd Pan doktór to może wiedzieć. Cały dzień w klinice dla warjatów. Też życie.

[*do siebie*] Ale ów "Matthesius"? Co to za Panisko?

MATTHESIUS
[*cicho*] Bardzo biedny człowiek, Pani Hammer. Człowiek, który chciałby raz odpocząć, ale nie może. Nie wolno mu.

HAMMER
[*wskazuje na czoło*] Także fjołek?

MATTHESIUS
O nie! Przynajmniej chwilowo. A może? Tego to nikt nigdy nie jest pewien. No i co, Pani Hammer, ukończyliśmy wojnę. Co Pani na to?

HAMMER
Przegraliśmy, Panie doktorze! Trudno! Za dużo chcieliśmy—cały świat. A cały świat to nie Niemcy. Wszystko ładnie, pięknie, ale pokoju właściwie jeszcze niema.

MATTHESIUS
Obecnie jest rozejm. Pokój podpisze się za parę miesięcy. Ale wojna już skończona.

HAMMER
Niema takich, coby się chcieli bić. I nie będzie długo . . . długo . . .

MATTHESIUS
Daj Boże.

[*Z za sceny trąbka samochodowa.*]

HAMMER
Co to? [*podbiega do okna*] Szofer na biało . . . jakiś Pan w czarnym
płaszczu . . . oficer, drugi oficer . . . chyba nie do nas. O tej porze?

MATTHESIUS
Do nas Pani Hammer. Proszę wprowadzić tych Panów, a potem iść
do Panienki. My tu zaczekamy.

SCENA 2

[*Dzwonek—wchodzą—powitanie.*]

EKSCELENCJA
Witam Pana, doktorze. Widział ją Pan?

MATTHESIUS
Nie, Ekscelencjo. Dopiero wstaje z łóżka.

HERST
O tej porze?

MUELLER
Jest po północy.

MATTHESIUS
Tak jest. Po północy.

EKSCELENCJA
Czy Pan sądzi, że Anna Marja znajduje się w stanie nieuleczalnym?

MATTHESIUS
[*zakłada ręce*] Bóg to raczy wiedzieć. Ja sądzę, że tak.

EKSCELENCJA
Zażywa dalej morfinę?

MATTHESIUS
Musi, Ekscelencjo. To ostatnie stadjum. Pozbawiając ją morfiny—
zabiłbym ją.

EKSCELENCJA
Ha—trudno!

MATTHESIUS
[*niespokojny*] Ekscelencjo—jak mam to rozumieć? . . .

EKSCELENCJA
[*zimno*] Od dnia dzisiejszego będzie Pan zmniejszał dawki. Albo
wyleczymy ją—albo . . . powtarzam, trudno.

MATTHESIUS
Ekscelencja chyba zapomina . . .

EKSCELENCJA
O niczym nie zapominam, doktorze. Mówię jasno, albo zrobimy z
niej człowieka, który nam jest konieczny, zwłaszcza w dzisiejszej
konjunkturze, albo będzie to jeszcze jedna ofiara wojny. Może
ostatnia.

MATTHESIUS
Zastosuję się do poleceń. Chciałbym tylko nadmienić jako lekarz . .

EKSCELENCJA
[*ucina*] Pan tu nie ma nic do nadmieniania. Cenię pańskie zasługi,
ale nie dam sobie niczego narzucić. [*odwraca się plecami do niego i
rozmawia z oficerami*]

SCENA 3

HAMMER
[*wpada*] Idzie już, idzie. Dziś czuje się świetnie. Powiedziała nawet: "Dzień dobry, Pani Hammer! Jak się Pani czuje?" Poznała mnie! Biedne maleństwo!

MATTHESIUS
[*kładzie palec na usta*] Pst! Cicho!

[*W drzwiach staje* ANNA MARJA *w czarnej sukni, blada z podkrążonymi oczyma.*]

ANNA MARJA
[*monotonnym głosem*] Witam Panów. Miło mi, że Panowie zechcieli mnie odwiedzić. Nigdy w życiu nikt mnie nie odwiedzał. Panowie zechcą usiąść. Proszę bardzo. Nie znamy się, ale to nic nie szkodzi. Może będziemy rozmawiali szczerzej—nie będziemy kłamać—bo się nie znamy. Nie potrzebujemy kłamać. Jak Panowie widzą, czuję się zupełnie dobrze, zupełnie—chociaż kochana Pani Hammer chodzi koło mnie jak siostra miłosierdzia. Proszę Panów czuć się jak u siebie. Nazywam się Anna Marja Lesser—znana jako "Fräulein Doktor" . . . ostrzegamy wszystkich komendantów posterunków granicznych . . . na jej głowę naznaczono cenę 100,000 franków. Panowie mają smutne miny. Dlaczego? Proszę się nie martwić. Nazywam się Anna Maria Lesser i . . . odpoczywam.

MATTHESIUS
Anno Marjo!

ANNA MARJA
Słucham Pana. Pańska twarz jest mi skądś znajoma. Ośmielę się nawet twierdzić, że jest Pan podobny do śp. Doktora Matthesiusa. Nawet bardzo podobny . . .

MATTHESIUS
Anno Marjo, przypatrz mi się dobrze! Nie poznajesz mnie? To ja, doktor Matthesius!

HAMMER
[*na boku*] Boże wielki! On też zwarjował.

HERST
Cicho!

MUELLER
Nie przeszkadzać!

ANNA MARJA
O nie, kochany Panie. Pan nie jest Matthesiusem. On już dawno w grobie a może w szpitalu warjatów. [*tajemniczo*] Muszą Panowie wiedzieć. Że zażywał morfinę. Sam mi to mówił. Wtedy, Panowie pamiętają, jak się Engel zastrzelił. Była to mroźna noc marcowa. Ostatnie białe płatki śniegu, uderzały w czarne szyby. Wszystko było czarne. Ściany, okna, dywany, tylko twarze, twarze były blade. Pamiętacie Panowie? Na podwórzu rozlegały się miarowe kroki kompanji egzekucyjnej . . . ciężkie buty uderzały o bruk w tempie maestoso—tram-ta-ta-ram-tram-ta-ta-ram, potem werbel bębna trata-ta-ta! Potem komenda "ognia"! i . . . krew na śniegu. Pomyślcie Panowie, na czystym białym śniegu. Taka czerwona. Ale to nie była moja wina. On zdradził. Kogo—nikt mu tego nie wytłumaczył. Może w niebie mu to wytłumaczą. [*cały czas monotonnie*]

MATTHESIUS
[*bierze ją za rękę*] Anno Marjo, pomówmy o czemś innym. Jak się Pani czuje?

ANNA MARJA
Dziękuję Panu. Pan ma dobrą twarz. Ale o mnie niech się Pan nie boi. Czuję się zupełnie dobrze. Tylko czasami, czasami staje przedemną Engel, kapitan Engel z II oddziału sztabu. Wysoki, w paradnym mundurze, całkiem biały, tylko z przestrzeloną skronią. [*atak*] Ale ja go nie chciałam zamordować! Wierzcie mi Panowie! Ja *musiałam* to zrobić. Wyjeżdżałam na front a tam by mnie zamordowali! On by im napewno doniósł.

113

[MATTHESIUS *uspokaja ją—po chwili znów monotonnie*] A czasem stają mi przed oczyma postaci ludzi, których zniszczyłam: Costopoulos, Duval, trzech młodych ludzi, których zastrzeliłam pod Nasproue, kapitan Latour z pod Verdun, ale to mija. I jest mi ciemno, tak przyjemnie ciemno.

EKSCELENCJA
Doktorze Matthesius, może Pan uspokoi Pannę Lesser. Ta scena jest niezmiernie przykra. Wolałbym nawet uniknąć rozmowy z nią.

MATTHESIUS
Niech się Ekscelencja tym nie przejmuje. [*na boku*] To są stałe objawy delirjum pomorfinowego, do którego my lekarze, zdążyliśmy się już przyzwyczaić. Proszę mówić. Panna Lesser Pana zrozumie. [*do* ANNY MARJI] Prawda, Anno Marjo—będzie Pani słuchać tego Pana?

ANNA MARJA
Proszę, Ekscelencjo—o ile dosłyszałam, jest Pan Ekscelencją. To znaczy nie był Pan na wojnie. Tam trzeba żołnierzy—bo tam niebezpiecznie, o! bardzo niebezpiecznie. Ale tu nie jest wojna. Proszę mówić śmiało, Ekscelencjo.

EKSCELENCJA
[*lekko speszony wstaje a za nim oficerowie*] Anno Marjo Lesser! Przed tygodniem ukończyliśmy wojnę i Rząd Rzeszy, którego mam zaszczyt być przedstawicielem, postanowił, iż za zasługi, jakie Pani poniosła podczas wojny, kierując wywiadem niemieckim—odtąd mieć będzie starania o Pani osobę. Wyznaczył Pani rentę dożywotnią, która zapewni jej dostatnie utrzymanie, i . . .

[ANNA MARJA *wstaje zwolna z fotelu, podchodzi do* EKSCELENCJI *i wpatruje mu się w twarz. Ekscelencja zmieszany przerywa orację. Anna Marja wybucha gamą strasznego śmiechu, który z wolna przechodzi w spazmatyczny chichot.*]

ANNA MARJA
Rentę? [*śmiech*] A kto mi zwróci moje życie? Czym mi zapłacicie

za moje życie? [*ciągle na śmiechu*] Markami? Ha! Ha! Ha! [*długa cisza, nagle rzuca mu w twarz*] Idjota!

[*Znów chwila martwej ciszy*—ANNA MARJA *podchodzi do* EKSCELENCJI—*ten cofa się na przód sceny.*]

ANNA MARJA
Kiedyś podczas ciemnej nocy marcowej zastrzelił się Engel. Innej nocy zabiłam Latoura. Jeszcze innej nocy rozstrzelali w Brukseli Costopoulosa. W Paryżu—Duvala. A co nocy sto, tysiąc, miljon żołnierzy. Za co? Za co? Co oni wam złego zrobili? To wyście, wyście zrobili wojnę, wy Niemcy. Zacharoff zarobił na broni 74 miljonów. Krupp 85. . . a teraz cała Europa jest jednem wielkiem cmentarzyskiem . . . wszędzie trupy, doły, krzyże i kamienie . . . wszędzie trupy, doły, krzyże i kamienie. Za co? Kto Wam pozwolił? . . . a teraz przychodzicie do mnie, do kobiety, którą zniszczyliście, której złamaliście życie jak zapałkę, do mnie, która za Was . . . naokoło trupy, krzyże i kamienie. A na krzyżach żelazne krzyże, legje honorowe, ordery "Czarnego Orła" "Pour le mérite," złote krzyże zasługi "za bohaterstwo w obliczu wroga" . . .

Jakiego wroga? Jakiego? . . . Morfiny! Na litość Boską dajcie mi morfiny! Morfiny! [*pada zemdlona*—MATTHESIUS *z oficerami i gospodynią przenoszą ją na kozetkę i cucą*]

HERST
Zyje?

MATTHESIUS
Najprawdopodobniej tylko zemdlała z wysiłku. Pani Hammer! Wody!

HAMMER
Biegnę! Jezusie, Marjo! Koniec świata!

[*Cucą.* PANI HAMMER *przynosi wodę.* EKSCELENCJA *stoi na boku.*]

MATTHESIUS
[*w trakcie cucenia*] Panie pułkowniku, proszę podtrzymać głowę. O tak! A teraz powinna przyjść do siebie. [*przykłada ucho do serca*] Nie, to niemożliwe! Serce przestało bić. [*wstaje*] Panowie, obawiam się że ta kobieta już nie żyje! [*znowu nadsłuchuje*] Nie! Bije! Bardzo słabo, ale bije. Panie pułkowniku, wody! Dziękuję, tak, teraz mocniej.

[*Nadsłuchuje—po chwili* ANNA MARJA *otwiera oczy—* MATTHESIUS *przytyka jej do ust szklankę wody. Anna Marja pije, rozgląda się wokoło wzrokiem kretyna—zaczyna coś pokazywać rękami i odtąd zaczyna bełkotać niezrozumiałe wyrazy jak małe dziecko.*]

MATTHESIUS
Anno Marjo! Jak się Pani czuje—lepiej Pani?

ANNA MARJA
[*zaczyna ręką kreślić jakieś znaki w powietrzu, śmieje się i bełkocze jak niedorozwinięte dziecko*]

MATTHESIUS
Anno Marjo! Niech się Pani na mnie popatrzy! Anno Marjo!

ANNA MARJA
[*jak poprzednio*]

HERST
Panno Lesser!

MUELLER
Panno Lesser!

MATTHESIUS
Anno Marjo! To ja—Matthesius!

ANNA MARJA
[*ustawicznie śmieje się beztrosko i bełkowcze jak kretyn*]

116

MATTHESIUS
[*grzmiącym głosem*] Dość tego! Ja nie wytrzymam! Pani Hammer—morfiny! Gdzie jest morfina?

[PANI HAMMER *podaje morfinę i strzykawkę.* MATTHESIUS *robi zastrzyk* ANNIE MARJI, *która momentalnie zasypia.*]

HERST
Zasnęła?

MATTHESIUS
[*potakujący znak głową*]

[*długa chwila milczenia*]

MATTHESIUS
Ekscelencjo—ostatnie słowo należy do Waszej Ekscelencji.

EKSCELENCJA
[*cedzi słowa*] Anna Marja wyjedzie w towarzystwie Panów za granicę. Nazwę miejscowości, sanatorjum i lekarza, któremu Panowie przekażą Annę Marję Lesser wymieni Wam tekst tajnego rozkazu. Otrzymacie go Panowie dziś o świcie. Anna Marja odbędzie kurację w Szwajcarji i pozostanie tam bez względu na wynik.

MATTHESIUS
Ekscelencjo! Czy Anna Marja zostanie w Szwajcarji na zawsze?

EKSCELENCJA
Na zawsze!

EPILOG

[*Scena gaśnie—zapada 1-sza* KURTYNA—*czarna, na niej wielka czerwona swastyka. Na ciemne proscenium wchodzi* MATTHESIUS *we fraku, oświetlony ostrym reflektorem.*]

MATTHESIUS
[*podnosi rękę i mówi*] Opowiedzieliśmy Wam—łaskawi Państwo— dzieje najgenjalniejszego szpiega wojny światowej, "Fräulein Doktor." Swojego czasu, zwłaszcza podczas wojny światowej, szpalty wszystkich dzienników zapełnone były opisem przygód, czynów i fantastycznych kolei życia tej tajemniczej kobiety.

Potem nagle przestano o niej pisać—podobno zginęła pod Verdun. Słuch o niej zaginął, a na widownię wypłynęła postać Maty-Hari, która do dziś jeszcze pozostała wdzięcznym tematem do legendarnych scenarjuszów, jako słynna amoureuse Wielkiej Wojny—kobieta—szpieg. Dopiero w ostatnich latach [1929-1933] niespodziana rewizja aktów na Unter den Linden pozwoliła Annie Marji Lesser wypłynąć na widownię powtórnie ale już jako postaci historycznej, bardzo odległej od naszych czasów. Wystarczyło 10 lat—by postać jej przeszła do historji częścią jako legenda, częścią jako tajemnica Stanu, która jest zawsze tajemnicą poliszynela.

Przed chwilą przesunęło się przed Wami—łaskawi Państwo—6 obrazów, będących rekonstrukcją 6-ciu lat jej życia. Jedynych 6-ciu lat jej życia. Żaden szczegól nie jest inwencją autora—tę sztukę pisała krwawym piórem historja Wojny Światowej.

Anna Marja żyje po dziś dzień i liczy 36 lat. Jest więc jeszcze młodą kobietą. Przebywa w Szwajcarji w miejscowości . . .

[*Na scenę wchodzi pułk.* HERST *w płaszczu i czapce hitlerowskiej i kładzie mu dłoń na ramieniu.*]

HERST
Doktorze Matthesius, aresztuję Pana!

MATTHESIUS
Za co, Pułkowniku?

HERST
Za zdradzenie tajemnicy Stanu odnośnie Anny Marji Lesser!

MATTHESIUS
Pułkowniku, przecież Anna Marja Lesser należy już do historji!

HERST
Anna Marja przyjechała wczoraj ze Szwajcarji i objęła służbę.

MATTHESIUS
Boże Wielki! Wróciła! Jakież funkcje spełniać będzie dziś w czasie pokoju?
HERST
Pokoju? Myśli Pan o pokoju chwili obecnej? [*śmieje się i kieruje* MATTHESIUSA *w stronę kulis*]

[*1-sza* KURTYNA *idzie w górę i na ostatnim planie wsród zupełnej ciemności ukazuje się płonący Reichstag (lampy projekcyjne). Z daleka, coraz blizej, tupot nóg. Na scenę wchodzi 100* ŻOLNIERZY *w hełmach stalowych i maskach gazowych z karabinami w rękach. Warkot samolotu. Na kompanje szturmowe idące naprzód w zupełnej ciemności pada od czasu do czasu reflektor z góry—z samolotu. Pobudka alarmowa na 4-ch trąbkach. Reichstag gaśnie a na horyzonie ukazuje się wielki płonący krzyż (lampa projekcyjna). Resztę efektów uzależnia autor od reżysera i dekoratora jako bardziej kompetentnych.*]

KONIEC

ILLUSTRATIONS
FROM
THE ORIGINAL PRODUCTION

TOP: Tepa with the cast at the premiere.
LEFT: Lesser (I. Eichlerówna) and Matthesius (J. Chodecki).
RIGHT: Lesser with Lt. Austin (J. Kreczmar).

TOP: A portion of the innovative stage set by Otto Rex (Act II: Brussels). **BOTTOM:** Lesser, the "servant girl," spies at the offices of the French Secret Service (Act III).

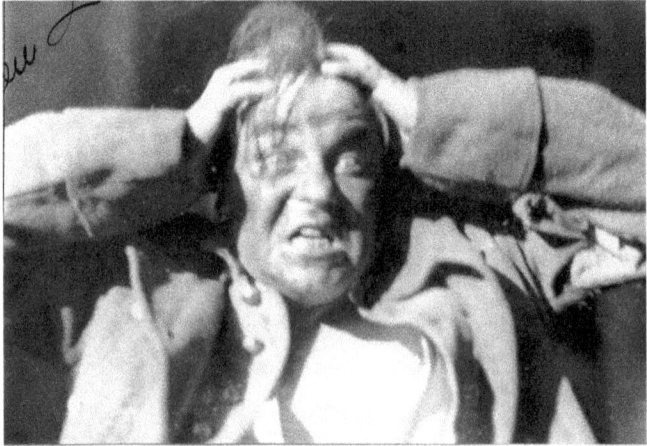

TOP: Captain Tilly (L. Żurowski) expresses dismay after the spy list has been stolen from the French Secret Service office (Act III).
BOTTOM: The Battle of Verdun (Act V).

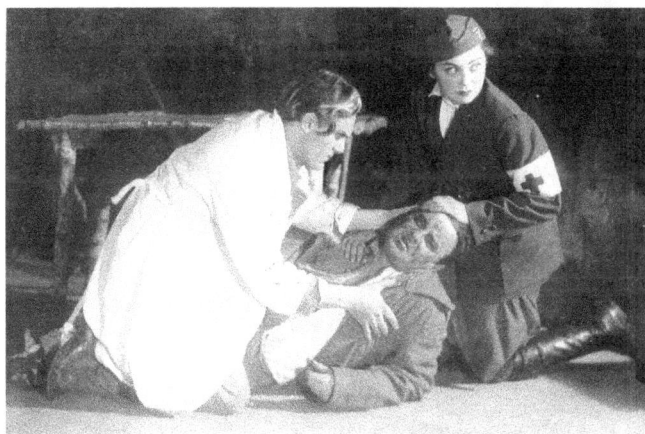

TOP: Revolvers in hand, Lesser makes her escape from the trenches at Verdun (Act V). **BOTTOM:** Disguised as a Red Cross nurse, Lesser helps the Doctor (T. Kański) tend to a wounded Belgian officer (Act V).

TOP: The final scene of the play: German storm troopers and the rise of Hitler. **BOTTOM:** Jerzy W. Tepa and Czesław R. Halski, who composed the musical score for Tepa's *Ivar Kreuger*, at the Teatr Wielki in Lwów.

FRÄULEIN DOKTOR

**A Factual Montage
In Six Acts with an Epilogue**

CHARACTERS
[in order of their appearance]

Dr. Matthesius
Lieutenant Gerhard Mueller
Lieutenant Heinrich Engel
His Excellency
Major Herst
Anna Marie Lesser
Boy
Hall Porter
Joachim Costopoulos
Lieutenant René Austin
Sergeant Duval
Sergeant Bertrand
First Soldier
Second Soldier
Third Soldier
Captain Tilly
Scottish Doctor
Telegraphist
Orderly
Captain Mauriac
Captain Latour
Mrs. Hammer, Matron

Soldiers, Officers, Hotel Guests

LOCATIONS

Act I   Berlin, 1913

Act II   Brussels, 1914

Act III   Paris, 1915

Act IV   Berlin, 1916

Act V   Near Verdun, 1917

Act VI   Berlin, 1918

Epilogue   Today, 1933

INTERLUDE BEFORE ACT I

[*The sounds of Morse code and ringing telephones can be heard. The stage is set in darkness. There are two switchboards, arranged asymmetrically, right and left. Switchboard left lights up.*]

FIRST SWITCHBOARD
[*at left*] Hello? Hello? Strassburg—Strassburg speaking. Berlin—special call. Urgent. This is the Military Command Post. Strassburg. Strass-burg.

SECOND SWITCHBOARD
[*at right, now lighting up*] Hello? Berlin here. Central Post. Is that Strassburg on the line?

FIRST SWITCHBOARD
Yes, this is Strassburg. Urgent—an official call. From the Foreign Office, for Dr. Matthesius. Please put me through immediately.

SECOND SWITCHBOARD
Before I can connect you, I must have the password.

FIRST SWITCHBOARD
Kurfuerstendamm 14.

SECOND SWITCHBOARD
Please hold. I am putting you through. [*switchboard light goes out*]

[CURTAIN RISES. *The stage is set in darkness. A telephone bell rings and rings.* DR. MATTHESIUS *enters the room, walks over to the desk, and switches on a desk lamp as he answers the phone.*]

MATTHESIUS
[*lifts receiver*] Hello.

SECOND SWITCHBOARD
Dr. Matthesius? Intercity call—official business.

MATTHESIUS
Yes, Matthesius here. Who is calling?

SECOND SWITCHBOARD
Office of the Chief of Police, Special Services. I am putting the call through. [*switchboard light goes out*]

FIRST SWITCHBOARD
Strassburg here. Is this Dr. Matthesius?

MATTHESIUS
Yes, I am on the line. Can you hear me? . . . If so, go ahead.

FIRST SWITCHBOARD
I have a report to relay from the Chief of Police. "This morning, an unnamed man died on one of the general wards of the hospital. No identification papers were found on him. Around noon, a young girl, about sixteen years old, called to claim the body. She asked us to contact you and to let you know that the deceased was Captain Wynanky, an agent of the Secret Service. The girl insists that we help her move the body to Berlin. She says that his number is '14 GW.' Awaiting your orders." The message is signed by the Chief of Police, Dobnitz.

MATTHESIUS
Ah, I see. [*pauses.*] All right, take this down. You are to follow the girl's instructions to the letter. See that the body travels in a separate rail car to Berlin, accompanied only by the girl. Have a special express train ready. Be sure that all of this takes place at night, under heavy escort—and in absolute secrecy. No doctors. No physical examinations. No postmortem. Sign the message "Doctor Matthesius." Have I made myself clear?

FIRST SWITCHBOARD
Yes, sir, I have written it all down. [*switchboard light goes out*]

[DR. MATTHESIUS *puts down the receiver and switches off the desk lamp.*]

CURTAIN

ACT I
BERLIN, 1913

SCENE 1

[*A luxurious office at the Secret Service Headquarters in Berlin. Furnishings include a big desk. Over a door leading to the Council Chamber is a German Black Eagle and a portrait of Wilhelm II. At left, on the wall, is a large map of Europe in 1913. Under the map is a table covered in green baize. Also in the room, on the right, are two comfortable armchairs. As the* CURTAIN RISES, *two German officers*, LIEUTENANT MUELLER *and* LIEUTENANT ENGEL, *are bending over some papers on the desk; they have compasses in hand. Every now and then, they approach the map and change the positions of the flags.*]

MUELLER
[*tossing his compass onto the desk*] Done! And what's more, it all fits perfectly. That slip of a girl has an uncanny memory . . .

ENGEL
It's even more extraordinary when you consider that she is only sixteen years old! Absolutely green, like an unripe piece of fruit. [*laughs*]

MUELLER
Cigarette?

ENGEL
[*taking the cigarette that is offered him*] Thanks. Just what I want. [*lights the cigarette*]

MUELLER
Admit it, Engel: you like her looks.

ENGEL
I do—no point in denying that. She caught my eye the first time I saw her—two or three months ago, here in Berlin, at the Wintergarten. She was with Wynanky, who was still looking quite hale at the time. I thought she was his daughter, or his niece . . . but I never figured her for his mistress. I wouldn't have believed that our old friend had such good taste.

MUELLER
Good taste, yes. But the poor fellow suffered more than his share of bad luck. A fatal attack of appendicitis: what a lousy way to die! So ordinary. Sad that a Secret Service man, stalked by death at every turn, in every place, at every hour of the day, should go out so inauspiciously.

ENGEL
When I heard that Wynanky and the girl were together in France, I assumed that she would only distract him. Then he ends up dying at the border, and she brings back all of the papers he had on him. Damned good thing that she *was* there!

MUELLER
The girl's got some nerve—the way she just took charge . . . As we were ripping the clothes off Wynanky's corpse, she started ordering us about. I can still hear her now. "Look in the lining of the sleeve." And presto, out come the Belgian fortifications. "Look under the shoulder blade"—the latest maps of Paris, Marseilles, Lyons. "Look under his collar"—the designs of the frontier forts. She took off the dead man's shoes herself, unscrewed the heel, and pulled out the best drawing yet. And mind you, through it all, with her lover laid out cold in front of her, she stays as calm as ice—not a tear, not even a sigh.

MUELLER
Perhaps she wasn't his mistress after all.

ENGEL
[*sarcastically*] God forbid! Maybe he was her father or her
brother—or simply a like-minded friend. [*sighs*] Don't be such an
idiot, Engel. They have been together for a year now. And we know
that Wynanky was neither a monk nor a damned fool!

SCENE 2

[*The door opens, and* HIS EXCELLENCY, *dressed in the uniform
of a Field Marshal, enters. The other* OFFICERS *rise and stand at
attention.*]

MUELLER
[*salutes*] Excellency. [*bows curtly*] Lieutenant Gerhard Mueller, of
the Second Division, Intelligence Service, has the honor of
introducing himself.

ENGEL
[*salutes and bows*] Excellency. Lieutenant Heinrich Engel, Second
Division, Intelligence Service, introducing himself.

EXCELLENCY
Have they finished interrogating the girl, Anna Marie Lesser?

MUELLER
Yes, your Excellency. And the last of Wynanky's notes and
documents have already been deciphered.

EXCELLENCY
What was the code?

MUELLER
It was the Belgian code. Number R. 2100.

EXCELLENCY
Who was in charge of the interrogation?

MUELLER
Dr. Matthesius, Chief of the Second Division.

EXCELLENCY
Yes, yes . . . but who did the actual decoding? Major Herst?

MUELLER
No, your Excellency.

EXCELLENCY
Then who did it—Matthesius himself? No one else knows Code R.
2100.

MUELLER
Fräulein Lesser did it.

EXCELLENCY
That is impossible. How could she have become familiar with the
code?

MUELLER
I have no idea, your Excellency.

EXCELLENCY
Remarkable, most remarkable. We must look into it. Thank you,
Lieutenant. As you were, gentlemen . . .

SCENE 3

[HIS EXCELLENCY *waves them off attention; with a gesture, he
signals them to "stand at ease." As he does, the door opens, and*
DR. MATTHESIUS *enters, attired in plain clothes. He is followed
by* ANNA MARIE LESSER, *who is dressed in a tailor-made suit in
the fashion of the day (1913). Last to enter is* MAJOR HERST, *in
full uniform. Major Herst salutes His Excellency; they shake hands.
After a moment, His Excellency moves toward Dr. Matthesius;
Major Herst approaches the two Lieutenants. His Excellency shakes*

134

hands with Dr. Matthesius and speaks to him in a whisper that is inaudible to the others. Anna Marie collapses in fatigue in one of the armchairs and immediately falls asleep.]

HERST
[*to the* OFFICERS] So—all finished! The whole lot has been examined. And, finally, everything seems perfectly clear. What a phenomenal memory that youngster has. Only sixteen years old! It's difficult to believe. She is a mere child!

ENGEL
She is hardly a child anymore. After all, she has just buried her lover.

HERST
That may well be, but it is her work, not her love life, that interests me. If every girl did what she did—spoke up with such guts, such insight—and managed to deliver such impeccable intelligence about the war, we would be out of jobs ourselves.

MUELLER
Yes, we would have been at the front a long time ago.

ENGEL
Does that mean you think our time is drawing near?

HERST
More than likely. Once the ambassadors get together, hold their diplomatic tea parties, and start behaving so damned politely to each other, you don't need the stars in the heavens to foretell the future. Trust me, when they turn sweet, it is always a bad sign, like the sound of thunder in the air.

MUELLER
[*whispering*] As ominous as Hindenburg's call to active service . . . Fortunately, thanks to the girl, we know quite a bit already. Apparently, France has prepared its armaments and wants revenge for the Sedan.

135

HERST
[*beats his fist on the desk*] We want to repeat the Sedan! With our army and our technology—artillery, planes, and chemical warfare—we will finish them off in six weeks. Why, in less than a month we will be in Paris!

ENGEL
So soon?

HERST
You don't believe me?

ENGEL
[*calmly*] I am afraid not. These days, wars drag on for years and years.

[HERST *and* MUELLER *burst out laughing. But, seeing* HIS EXCELLENCY, *they stop laughing and bid goodbye to* DR. MATTHESIUS. *His Excellency walks over to the armchair where* ANNA MARIE *is asleep. He stands looking at her for a moment, then nods to Dr. Matthesius. He salutes the three* OFFICERS, *who stand stiffly at attention.*]

EXCELLENCY
[*at the door*] Major Herst, Lieutenant Mueller, Lieutenant Engel. Please come with me. Dr. Matthesius would like to be alone. One more thing. Listen carefully. None of you knows this girl. None of you has ever seen her or heard her name. Never. Is that clear? Understood?

OFFICERS
[*at attention*] Perfectly, your Excellency!

[HIS EXCELLENCY *exits, followed by the* OFFICERS. DR. MATTHESIUS *checks to be sure that the door is properly closed. He sits at the desk and, with a ruler, lightly touches* ANNA MARIE'*s arm. She awakens instantly.*]

SCENE 4

ANNA MARIE
What is it? What's the matter?

MATTHESIUS
[*icily cold throughout the scene*] Nothing. I just want to talk to you.

ANNA MARIE
About what?

MATTHESIUS
About everything. Or about nothing at all. Whatever you prefer.
[*after a while*] Where do you live?

ANNA MARIE
Nowhere.

MATTHESIUS
Ah. And what do you intend to do now?

ANNA MARIE
[*takes a revolver out of her handbag and drops it on the desk*]

MATTHESIUS
[*picks up the revolver and puts it inside one of the drawers*] You
cannot be serious.

ANNA MARIE
I am. Completely serious.

MATTHESIUS
How old are you?

ANNA MARIE
Almost seventeen.

MATTHESIUS
Do you have a family? Relatives?

ANNA MARIE
[*shakes her head*]

MATTHESIUS
None at all?

ANNA MARIE
I was thrown out of my home a year ago.

MATTHESIUS
Because you had a child with Wynanky?

ANNA MARIE
[*upset*] That is my business! My personal affairs are no concern of yours!

MATTHESIUS
Forgive me.

ANNA MARIE
[*motionless*]

MATTHESIUS
[*after a moment*] What languages do you speak?

ANNA MARIE
French and English.

MATTHESIUS
Fluently?

ANNA MARIE
Yes, I had an English nanny. After that, I was schooled in Grenoble.

MATTHESIUS
And do have other talents? Can you draw?

ANNA MARIE
Yes.

MATTHESIUS
[*lights a cigar and walks across the room; from time to time, utters a few random thoughts*] You are truly an unusual young woman . . . Very clever . . . And you don't seem to care about what others think . . . [*long silence, after which he draws near to her*] I would like to make you a proposition . . .

ANNA MARIE
I guessed as much. Go ahead . . . I am listening.

MATTHESIUS
[*sits at the desk*] We seem to understand each other quite well, my girl.

ANNA MARIE
Why this sudden change in your attitude? A moment ago you were calling me Fräulein Lesser. Now suddenly I have become your "girl"? . . . So, tell me, what is it that you want from me?

MATTHESIUS
Your pardon, Fräulein. If I offended you by my words or my tone, I sincerely apologize. But the matter that I wish to discuss with you is not as easy as you might think . . .

ANNA MARIE
Then let me make it easier. You are offering me a position in the Secret Service, as an agent working abroad. You want me because I am attractive, and I know French and English. Because I can draw fine sketches. Because I know geometry, and, best of all, because I am completely indifferent as to whether I get shot—or by whom, or when. At the same time, you feel you ought to mention tactfully that the smallest sign of treachery on my part would mean death, and

139

that you yourself would not hesitate to sign my death warrant. [*laughs*] You need not worry about that! I tell the truth, and I am loyal to my employer—whoever that employer happens to be at the time. Moreover, I am quite certain that if I wanted to double-cross you, you would never find out. So it seems you will have to rely on me—to take me, after all, at my word. And one more thing: you were going to tell me that at first my pay will be small, at least until I show you what I can do. And you hope that that will happen soon. Am I right?

MATTHESIUS
[*without betraying his admiration*] Absolutely.

ANNA MARIE
Have I left anything out?

MATTHESIUS
Nothing that I can think of . . . except this. Because you seem to be quite a clever young woman, you must appreciate what could happen to you should you refuse.

ANNA MARIE
I assure you that I know too much *already*.

MATTHESIUS
Some people would think so . . .

ANNA MARIE
Then the matter is settled. Since I need you as much as you need me, my loyalty is guaranteed. I am ready to accept any assignment—just give me my instructions.

MATTHESIUS
Now?

ANNA MARIE
The sooner, the better—so that I can start to forget. To forget everything—forget what I have seen, forget myself. I am sick of life

and no longer care what happens to me. I just want to return to work, to new challenges . . . [*pauses*] Actually, I do not even know why I am telling you this . . . Anyway, I accept your offer. That should be enough—for both of us.

MATTHESIUS
Rest assured that the government will reward everyone in its service, everyone who . . .

ANNA MARIE
Do you really think that I give a damn for money or for decorations? Give the money back to the government to spend on copper and armaments, or to the ministers, so that they can dream up new ways to wage war. I don't care at all, I tell you! If it was money that I wanted, I would know to whom to go—and what would be required of me in order to get it. But I don't want money. That is why I am here.

MATTHESIUS
Then what do you want? Tell me, and I will try to arrange it.

ANNA MARIE
Sleep! I want to sleep and sleep and go on sleeping. I feel as if I could sleep for a week. In a decent room, on a comfortable bed with fresh linen, in a clean nightgown. And I do not want anyone to disturb me until I am ready to rise of my own accord.

MATTHESIUS
[*stuffs banknotes into her bag; after a moment's hesitation, notices her revolver*] All right, come back to see me in a week, and I will give you your first assignment [*they shake hands*] . . . *our* first assignment together.

ANNA MARIE
[*crossing over to the map*] And where will that be?

MATTHESIUS
Brussels!

[ANNA MARIE *approaches the map, picks up a small flag marker, and pins it to the appropriate location.*]

CURTAIN

INTERLUDE BEFORE ACT II

FIRST SWITCHBOARD
[*switchboard light goes on*] Hello—Brussels? Brussels? Sarajevo here. Brussels? I am trying to contact the Central Bank. This is Sarajevo. Sa-ra-je-vo!

SECOND SWITCHBOARD
[*switchboard light goes on*] Hello, Sarajevo? This is Brussels—Office of the Director, Central Bank. To whom am I speaking?

FIRST SWITCHBOARD
Hutten here, Syndic Hutten. [*Ed. note: a syndic is a town or government official.*] Hello!—operator, please don't cut us off! . . . Hutten here.

SECOND SWITCHBOARD
Van Diemen speaking. Good evening, Syndic. We weren't expecting your call until Saturday . . . So, what news do you have for us? Did Montenegro reject payment?

FIRST SWITCHBOARD
Something more urgent is at hand . . . Today at noon, Archduke Ferdinand and his wife were assassinated. Already the whole city is in chaos. We need to know at once how to proceed!

SECOND SWITCHBOARD
Ah . . . let me think a moment, let me think . . . Does this signal the start of war?

FIRST SWITCHBOARD
No two ways about it, Director. Just moments ago, the Russian Consul withdrew 75,000 crowns from his clandestine Balkan account. If this continues, we will be forced to curtail further payments.

SECOND SWITCHBOARD
All right, Hutten: here is what you must do. Convert all German marks and crowns to gold. Immediately! Don't wait another day! As for currency—only Swiss will do. Then leave the country. If you depart right away, you should be here within three days. Ah—one more thing. Be sure to find out how the Krupp family stands in all of these matters. Don't waste another moment . . . And don't forget about the Krupps! [*switchboard light goes out*]

FIRST SWITCHBOARD
At your service. . . . Hello—intercity operator? Please charge this conversation back to Sarajevo. [*switchboard light goes out*]

ACT II
BRUSSELS, 1914

SCENE 1

[*The hall of a small hotel, the Hôtel des Anglais. In the center of the stage, swinging doors open into the street. At left is the hall porter's desk and a small staircase leading upstairs; at right, a sofa with newspapers and illustrated magazines. It is night. A young* BOY *is sound asleep, snoring loudly, on a chair. From left can be heard the strains of a waltz and the cheering of* OFFICERS, *who are celebrating in one of the adjoining rooms. In the street, newsboys are shouting "Newspaper! Special edition!" The* PORTER, *whose appearance is rather comical, enters.*]

PORTER
Boy!

143

BOY
[*does not move*]

PORTER
[*shouts*] Boy! Boy!

BOY
[*awakens suddenly*]

PORTER
How often must I remind you that the day is the appropriate time for sleeping and the night is the time for staying awake—and for working? Wake up, or I will wake you up with a kick in the pants! Just look at yourself! . . . I need you to run down the street and get me the newspaper, so I can read about the latest threats from Germany. [*fumbles with some change*] Now go on, go on! What are you waiting for?

[*The* BOY *exits through the swinging doors.* ANNA MARIE, *wearing a hat and carrying a coat over her arm, enters down the stairs. In the buttonhole of her coat is a red rose.*]

ANNA MARIE
Good evening, Monsieur Charles. No telegram for me?

PORTER
Unfortunately, not yet, Mademoiselle Jacqueline. You must be very worried about your father . . . Let us hope that he is feeling better. As you know, older people get ill, priests are called in to give them the last sacrament, and then, in no time, they get stronger again. Soon everything is fine. . . . Your father—if I may be so bold—how old is he?

ANNA MARIE
[*distracted, looking for someone in the hallway*] How old am I? Let me see. I am almost eighteen. . . . You seem surprised. Don't I look it?

144

PORTER
No, Mademoiselle, I was not asking your age. I was asking how old
your father is.

ANNA MARIE
Oh, my father. He is fifty, perhaps fifty-one.

PORTER
Ah, then he is still a young man. Unlike me—I am well over sixty.
[*to the* BOY, *who has just entered the room*] So, did you get me a
copy? [*taking the paper and glancing at it*] Excuse me,
Mademoiselle . . . Are you expecting someone?

ANNA MARIE
Yes—my uncle.

PORTER
[*puts on his glasses, starts reading, then runs up to her*]
Mademoiselle! Look at this! War! War! Just . . . read this! This
afternoon at five o'clock, Austria declared war on Serbia. Germany
will take Austria's side, and France and Russia will support Serbia.
Oh, Lord! And, despite my mother's warnings, I put all of my
money in a French bank. Now I will lose the whole thing! A
moratorium has been declared on withdrawals. The bank won't pay
out any cash, and I will be ruined. Ruined! All my savings! I will go
bankrupt! Mademoiselle Jacqueline, what shall I do? Oh, what shall
I do?

ANNA MARIE
You must stay calm, Monsieur Charles. Maybe things will turn out
all right. If France stays neutral, your money will be safe. There is
no reason to worry until you know for certain. [*Takes the paper
from him and reads it. Other guests enter from the street. Holding
copies of the same paper, they stand in groups discussing the latest
news.*]

PORTER
My money safe? That is just wishful thinking, Mademoiselle. And

145

the suggestion that France will stay neutral is rather naïve. Germany and Russia have been waiting for this very moment. Clearly, you have not been following the papers. This is a bombshell that will shake the world. Then what will happen to my money? It will be used for guns and ammunition! [*begins to cry*] My meager savings, all of it so hard-earned! The small tips that I have been hoarding! I tell you, I have worked like a slave for forty years. Saved and stinted and gone hungry and tired for forty years, just so that I could afford to buy a small cottage in the country, where I could grow old and finally get some rest. And here, with a single stroke of the pen, I am bankrupted. My long years of hard work are wiped out. It is a crime! An absolute crime, Mademoiselle Jacqueline! I must call my mother. Perhaps she can offer me some advice to save me from complete ruin.

[*Runs to the telephone station, shuts the door behind him. The spotlight from the station illuminates the whole set. At the last words of the* PORTER, JOACHIM COSTOPOULOS *enters from the street. He is an older man, smartly and elegantly dressed; he looks around nervously. Seeing* ANNA MARIE, *he sits down on the couch, takes a newspaper out of his pocket, and begins reading.*]

SCENE 2

ANNA MARIE
[*quietly*] Boy, there are two suitcases in my room. Would you get them and bring them to the car? [*approaches* COSTOPOULOS, *sits down beside him on the sofa, and picks up a newspaper; whispers to him.*] Have you got the plans for Liège?

COSTOPOLOUS
Yes, but for the moment, they are incomplete—deliberately.

ANNA MARIE
How so?

COSTOPOULOS
My price was 10,000 marks in gold for the set. But I received only 6,000. What is the problem?

ANNA MARIE
I don't know—I have nothing to do with the matter of payment. But you have not answered my question. Shall I get the complete set of plans from you?

COSTOPOULOS
Not until I receive the money! I don't trust your people.

ANNA MARIE
Just how long do you expect me to wait, Mr. Costopoulos?

COSTOPOULOS
A day or two, a month or two—however long it takes for me to get my money. Am I to be paid the full 10,000 or not? Mind you, that is today's price. But it is going up as we speak—to 16,000. Tomorrow, the plans may cost you 20,000. You understand? The market price keeps rising.

ANNA MARIE
Are you trying to double-cross me?

COSTOPOULOS
Call it what you will. But I need the money, and I have a good idea of the value of the Liège forts. These plans, after all, are the most current ones available, drawn just this year. Worth a great deal, all right, especially if the German troops take a short cut through neutral Belgium. So? What now?

ANNA MARIE
Bring the plans. I will pay what you ask.

COSTOPOULOS
In cash?

ANNA MARIE
Of course.

COSTOPOULOS
That's better. Too bad, Mademoiselle, that you did not say so at
once. You would have saved us both a lot of time. Very well. I will
be back shortly.

[COSTOPOULOS *exits. ANNA MARIE continues reviewing the
plans. The door opens right. Laughter and voices can be heard.
Enter* LIEUTENANT AUSTIN, *wearing the uniform of a Belgian
officer. He is very drunk. He trips and nearly falls over an
armchair. Upon seeing him, Anna Marie is so surprised that she
drops one of the illustrations and utters a small cry.*]

SCENE 3

AUSTIN
[*surprised, and inebriated*] Pardon me . . . Mademoiselle! What a
pleasant surprise! Perhaps you do not recall, but we have met
before. [*bows*] I am Lieutenant René Austin, Fifth Division,
Gunner. I had the good fortune to be introduced to you during the
last maneuvers at Liège.

ANNA MARIE
Of course, I remember the occasion very well. We danced together
at the home of Colonel and Mrs. Berton.

AUSTIN
[*having trouble holding himself steady*] Yes, that was it. What a
wonderful memory you have! [*sits down beside her*] May I?

ANNA MARIE
Why, certainly, Lieutenant. I am just waiting for a wire from my
father, who is ailing. But in the meantime, I am pleased to have
your company.

AUSTIN
As I recall, Mademoiselle, your father is a Colonel in the French Infantry. Is that right? And you—you are a student at the School of Fine Arts here in Brussels? [*She nods.*] Yes! You see! I too have a good memory. Although at this moment, I am not quite myself . . . Still, I am happy—so very happy—to see you . . . Do you mind if I smoke?

ANNA MARIE
Please do. You must be surprised to see me in this hotel. Since I have no family in the city . . .

AUSTIN
Naturally, naturally . . . Shall I tell you a little secret? We are celebrating in the next room because we have just completed our most recent maneuvers. So if you hear something that you shouldn't—that is, something not fit for the ears of a lady like yourself—forgive us!

ANNA MARIE
There is nothing to forgive, Lieutenant. Everyone has to let off some steam from time to time! It is only normal. And what better place to do that than among yourselves? [*pauses*] Since your maneuvers are over, does that mean that we are getting ready to fight Germany?

AUSTIN
[*frightened*] For the love of God! Be careful what you say, Mademoiselle . . . very careful, Mademoiselle . . .

ANNA MARIE
Jacqueline. Jacqueline Artopé.

AUSTIN
Mademoiselle Jacqueline—yes . . . I remember now. But I beg you, Mademoiselle, to be wary of your words. We are surrounded by German spies.

ANNA MARIE
What, even here? That is nonsense! You must be exaggerating,
Lieutenant.

AUSTIN
You don't believe me? No, evidently you don't. Well, I can prove
what I say. Just last night . . .

ANNA MARIE
What happened last night?

AUSTIN
Last night [*hesitates*] . . . I will tell you this much, anyway—after
all, you are a Colonel's daughter, and we are sure to be allies . . . Do
not think that we are imagining things. In times of such terrible
agitation, we cannot be too careful or cautious. . . . Why, just last
night, the plans of the Liège forts were stolen!

ANNA MARIE
Unbelievable!

AUSTIN
It is true. We have had to double up our sentries on the frontiers.
Every train is being searched. The plans, we are convinced, are still
in Belgium.

ANNA MARIE
Let us hope so. It would be awful if some traitor has taken them out
of the country!

AUSTIN
[*getting increasingly more drunk*] Agreed! [*leans over to her*] But
we had already thought of that! We were ready for that possibility.

ANNA MARIE
Ready? How? I don't follow you.

AUSTIN
[*gulping down the rest of his drink*] The plans that were stolen were not just duplicates but dummies. The real plans are still those from 1913.

ANNA MARIE
Wonderful! That is a very clever trick!

AUSTIN
Yes, a first-class trick, indeed. The fortifications were changed in anticipation of the fact that the plans would be stolen. [*laughs*] We expected that there would be a thief. Ha, ha, ha! As a matter of fact, we have even been sprucing up the old buildings . . . much safer . . . much cheaper. A good joke, wasn't it? But Mademoiselle, you must give me your word that you will reveal this secret to no one.

ANNA MARIE
Of course, Lieutenant. My father would have said the same thing. I assure you that I am a good and loyal Frenchwoman, and the security of France's alliance with Belgium is a cause that is very close to my heart. We must stand together in order to resist our common enemy.

AUSTIN
I have every confidence in your loyalty. But let us talk about something more pleasant!

ANNA MARIE
Such as?

AUSTIN
[*moves closer*] Such as—you.

ANNA MARIE
Me? How could you possibly be interested in me?

AUSTIN
[*drunk*] Mademoiselle Jacqueline! I must make a confession.

151

Earlier, when we met at the Bertons's home, I found you utterly bewitching. I could not help myself. In fact, I was crazy with the desire to see you again . . .

ANNA MARIE
[*with a smile*] A Lieutenant in charge of heavy artillery—crazy?

AUSTIN
Mademoiselle Jacqueline, do not laugh at me. I mean every word that I say. I would do anything to be near you, and I only hope that, for the duration of your stay in Brussels, you will allow me to be your . . .

ANNA MARIE
My what?

AUSTIN
. . . Guide! Companion! Servant! Slave! Anything you like! I don't care . . . Do you recall that time, when we were on maneuvers . . .

ANNA MARIE
Yes, very well.

AUSTIN
So you have not forgotten! [*kisses her hand*] Thank you, thank you very much. That night, after dinner, we stepped out onto the balcony; the fortifications glistened before us in the evening light. And I asked you to look into my eyes . . . and I wondered if you saw that they were full of love for you . . .

ANNA MARIE
I remember, René; I put my hand over your eyes and told you that the most important thing in the world, *above all others*, was duty. And I asked you to forget me, once and for all.

AUSTIN
No doubt you assumed that we would never see each other again. But we have, and now I must ask you to explain what you meant

that night. I did not understand—*then* . . .

ANNA MARIE
And you never will. Because I don't want you to.

[*From the right enters* LIEUTENANT ENGEL, *dressed in an English army uniform. He approaches and bows.*]

SCENE 4

ENGEL
I say, Austin, Captain Bernaque has requested that you, as the most sober man among us, propose the last toast.

AUSTIN
All right, I am coming. Excuse me, Mademoiselle Jacqueline. I will be gone just two minutes.

ENGEL
Before you go, perhaps you will introduce me to your lovely friend, even allow me the great pleasure of keeping her company until you return.

AUSTIN
Of course, I would be delighted—and much in your debt. Mademoiselle, if you please: may I introduce Major Campbell, from the British staff, an expert gunner who has honored us with his presence over the past few weeks. [*turning to the* MAJOR] Major Campbell, this is Mademoiselle Artopé. Her father is a Colonel in the French Army.

ANNA MARIE
The pleasure is mine. But Major, haven't we met before? Your face seems very familiar to me.

AUSTIN
You may have seen the Major at our maneuvers. [*bows*] I will be

right back—in just two minutes . . .

ENGEL
We shall be waiting.

ANNA MARIE
Waiting for you—and for two glasses of good champagne.

AUSTIN
Certainly. [*exits right*]

SCENE 5

ENGEL
[*sits, then after a moment, speaks*] Jacqueline Artopé. Hmm . . . not too bad.

ANNA MARIE
What do you mean by that, Major?

ENGEL
Nothing, nothing at all. Only that I admire your nerve, Mademoiselle Artopé . . . or should I say Fräulein Anna Marie Lesser? [ANNA MARIE *is startled.* ENGEL *keeps on talking, very quietly, with his eyes fixed on the butt of his cigar.*] Don't give yourself away. I am a German, Lieutenant Engel, Second Division, Berlin—and, at the same time, like you, a member of the German Secret Service. Dr. Matthesius sent me to warn you about Joachim Costopoulos, the man with whom you are in contact. He is playing both sides. He has been negotiating with the Belgian staff and is ready to sell them the list of German spies for 30,000 francs . . . and that puts you and me at the top of his list. He must be dealt with immediately. Do you follow me? Otherwise, tomorrow you and I may be swinging from the end of a rope.

ANNA MARIE
[*calmly*] I see. . . . I must say that you look wonderful in that

154

English uniform; it suits you well. May I ask you for a cigarette? [*takes one*] Thanks. So you say that Costopoulos must disappear. I quite agree. But the question is, how?

ENGEL
I leave that part up to you. You are very clever. I know that you will come up with an appropriate solution. But I will try to stay around in case you need me.

ANNA MARIE
Don't be silly. We are surrounded on all sides. This time, one or two revolvers won't be enough to save us from a trap. Just remember what I am about to tell you. It is of paramount importance: *The 1913 fortifications of Liège are the valid ones. All of the later plans are false. Any new plans that you may receive are fake.* That is why the Belgians allowed the plans to be stolen.

ENGEL
Who stole them?

ANNA MARIE
Costopoulos did. That is surely the last work he will ever do for us. At the moment, though, he knows so much that both France and Belgium will pay him whatever he asks. For your own safety—you must leave right away. He will be back soon, to try to sell me the new Liège plans for 10,000 marks worth of gold. That should be a good joke on him.

ENGEL
[*repeats aloud*] Liège: the 1913 plans are still valid; the ones from 1914 are dummies. I will pass that information on to Dr. Matthesius.

ANNA MARIE
As soon as possible. In three or four days, our troops will be on the march through Belgium. So you must go at once—no later than tonight! I will try to escape as well. But if I fail, tell Dr. Matthesius to inform my family that I will bring them no further sorrow—and

direct him to contribute my salary to the Red Cross, along with the money that I have already left with him for safekeeping.

ENGEL

[*kissing her hand*] You are a remarkable young woman and a great patriot.

ANNA MARIE

Nonsense! I commit crimes that, in the euphemistic language of the twentieth century, pass for heroism. But in fact, I am rather mad, as all spies are. They are motivated by many different things—money, or patriotism, or merely the thrill of adventure. But something always spurs them to act. Strangely enough, I have no such impulse. You speak to me of patriotism? And I ask—to what cause? To false ambition? To the revenues generated by the Krupp arms? Alliances are built on shifting sands, and sooner or later they all fall apart. [*whispers*] Which way will you go to Brussels? Through Holland?

ENGEL

[*slightly taken aback*] I suppose so.

ANNA MARIE

We could go together—that is, if they don't hang me first. [*changes her tone; raises her voice so others can overhear; speaks coquettishly*] And now, Major Campbell, maybe you will tell me something interesting about yourself.

[*Across the hall, the* GUESTS *enter and exit.*]

ENGEL

[*raising his voice accordingly*] I will tell you a more amusing story instead—about the Eton Derby, and about a fine horse that came from excellent breeding stock owned by the Prince of Wales. After being entered in one of the biggest races in the Derby, the horse received almost everyone's backing and was considered the favorite by all. But what do you think happened? He came in fourth, completely out of the money. Because he had been doped with a shot of morphine! No one found out who had done it—the secret stayed with the jockey and within the stable itself. Nevertheless, the lesson is clear: things do not always turn out as expected.

ANNA MARIE
Yes, that is fascinating, quite fascinating! Like something out of a novel. I never imagined that such things happened in real life! [*whispers*] That gives me an idea. Costopoulos is coming here with a briefcase full of plans in order to entrap me. But they will give *him* away. *I* will give him away. Do you follow?

ENGEL
Yes, I do. How very shrewd. [*A few* OFFICERS *enter the room; he addresses them directly.*] Gentlemen, come and join us! We have been waiting for you! How was the toast? [AUSTIN *approaches, with two glasses of champagne, which he is trying not to spill.*] Ah, champagne! Austin, you are truly a man of your word.

SCENE 6

[AUSTIN *and several of his* OFFICERS *raise their glasses.*]

AUSTIN
Mademoiselle! We . . . the Officers of the Fifth Division of the Royal Artillery . . . want to raise a glass of champagne in your name. To your health!

ANNA MARIE
[*takes one of the glasses, hands the other to* ENGEL] Thank you, gentlemen! I would like to reciprocate your kind toast. [*raises her glass*] To the gallant Belgian Army! And to your gracious king!

[*After the toasts, all sit down.*]

AUSTIN
I apologize sincerely for my delay. I know that I promised to return in two minutes, and it has been well more than five. They made me repeat a silly anecdote that I have told many times before. But, but .

. . I hope that I am not cutting in on your interesting conversation. If I am not in the way, perhaps you will allow me to listen . . .

ANNA MARIE
I was just relating a horrible experience that I had yesterday. I was telling Major . . . Major . . .

ENGEL
Campbell. Major Campbell.

ANNA MARIE
. . . I was telling Major Campbell what happened to me last night. I was afraid that I might not survive to tell the story. But I am fortunate; luckily, my nerves are quite strong.

AUSTIN and OFFICERS
Why? What happened?

ANNA MARIE
I was leaving a lecture at the School of Fine Arts. It was already dark. There was no one around. All of a sudden, I noticed a man following me, pursuing me, virtually step for step. I didn't like the looks of him. Even though I was feeling quite unnerved, I turned around and asked him directly what he wanted. But he didn't answer me. Instead, he caught hold of my arm with his long fingers. Good Lord! Whenever I recall those menacing fingers, I go into nervous shock again! Somehow I managed to push him away and run back to the hotel. He chased me right to the door. Now he knows where I am staying, and I am worried that he will show up again . . . [*increasingly agitated*] Gentlemen, you cannot imagine how afraid I am right now! Every time I think of him . . . Ach!

SCENE 7

[COSTOPOULOS, *carrying an attaché case under his arm, enters the hotel from the street.*]

ANNA MARIE
[*seeing* COSTOPOULOS, *drops her glass and screams in terror*] There he is! That is the man who has been following me and making horrible suggestions! Gentlemen, help me! Save me!

[COSTOPOULOS *turns and tries to run away, but* ENGEL *stands in front of the doors and blocks his exit.*]

ENGEL
Halt! Stay where you are! Don't you dare take another step!

[*The* OFFICERS *seize him. They shout "Stop!" "Scoundrel!" "Explain yourself!"*]

AUSTIN
Who are you? What is your name? Identify yourself immediately!

ANNA MARIE
He grabbed my arm, and he tried to kiss me! He mauled me! He tore the beret from my head! Gentlemen, please, I beg you! Save me from this terrible man! [*cries*] What does he want from me? I don't even know him. I never did him any harm, yet he continues to harass me!

AUSTIN
Mademoiselle Jacqueline, please don't cry! Try to calm yourself. You are under our protection now. We will look after him. He is nothing more than an ordinary thug, a streetwise Lothario. We will teach him a lesson he will never forget! [*wants to strike* COSTOPOULOS, *but* ENGEL *stops him*]

ENGEL
[*in a calm, slow, icy voice*] No, Lieutenant, I do not believe that this

159

man is ordinary at all. Unless I am mistaken, his is the face of a hardened criminal. Do you mind if I search him? I may be wrong, but this man seems like a thief to me.

COSTOPOULOS
That is a lie! How dare you?

ENGEL
[*quietly*] If I am wrong, I will apologize. And you can take any action against me that you wish. But first, perhaps you will explain what you are doing in the middle of the night in a hotel where you are not even staying. [*snatches the attaché case*] What are you hiding? Some tools of your trade? . . . [COSTOPOULOS *tries to escape, but is restrained by the* OFFICERS *and the* PORTER.] Maybe a skeleton key or a crowbar. No! These are maps, and calculations—in fact, they are plans! Well, well . . . plans of Liège forts, dated 1914. . . . Such a respectable-looking person, undone by his baser instincts and his predilection for young girls!

[*The* OFFICERS *take out their revolvers.*]

ANNA MARIE
This is the man who stole the plans of Liège? I would never have believed it. So this is what a spy looks like.

AUSTIN
Yes, that is the man whom the whole of Belgium is seeking!

PORTER
[*looks at newspaper, then speaks with great excitement*] There is a reward of 20,000 francs on his head! Please, sirs, tell the authorities that it was I who caught him. Take pity on me! I have lost all of my savings, so say that I caught him! I am desperate for the reward money!

AUSTIN
[*to* PORTER] Be quiet! [*to* ENGEL] Major Campbell, how shall we

ever thank you? You have done our country a great service!

COSTOPOULOS
Officers! This is a tremendous misunderstanding! A grave mistake!

AUSTIN
Don't play games with us, you villainous rat!

ENGEL
You need not thank me, gentlemen. It was a simple accident that unmasked this criminal. He gave himself away, through the weakness of his own flesh. I must confess that I never suspected him of being a *spy*. I wanted only to unmask him for the thief that he was. The fact that he was carrying plans instead of skeleton keys—for that we can thank chance and good fortune!

COSTOPOULOS
It is a trap, a trap! Someone planted those papers on me. I am innocent of this crime! I swear it. *She* did it. I tell you—*she* is a spy. She is the one who put those plans in my case!

ANNA MARIE
My good man, what do you expect to gain by such lies? Everyone here saw you come in carrying your attaché case. And the stolen papers were already inside. So don't offend our intelligence. We are not fools!

AUSTIN
How dare you insult the daughter of a French officer, one of our allies?

COSTOPOULOS
I can prove to you that I am innocent. I have just come from the Belgian staff, where I offered my services to General Ryckle.

ENGEL
Enough! We have all the proof that we need that this man is a spy—and a double-dealing one, at that. He himself has admitted it. My

161

part is done, gentlemen. I am simply a foreigner among you, who wanted only to assist this young woman.

AUSTIN
My dear Major, perhaps you would assist us further—by looking after Mademoiselle Jacqueline until we get back from the police station.

ENGEL
With pleasure. That is, if Mademoiselle wishes me to do so.

ANNA MARIE
Thank you very much. [*to* AUSTIN] Then we shall wait here until you return. You won't be too long this time, will you?

AUSTIN
Perhaps fifteen minutes. But, I assure you, not a moment longer than is absolutely necessary.

[*The* OFFICERS *and* AUSTIN, *assisted by the* PORTER, *lead* COSTOPOULOS *into the street. Their car can be heard departing.*]

SCENE 8

ANNA MARIE
Fifteen minutes. That should suffice.

ENGEL
Boy! Bring me my coat, my cap, and my sword. [*throws the* BOY *a coin*]

ANNA MARIE
There is only one open border left—to Holland. Let us leave immediately.

ENGEL
Do you have an automobile?

162

ANNA MARIE
It is parked outside the hotel.

ENGEL
[*dressed to leave*] I am ready. Shall we go?

ANNA MARIE
Just a minute. I want to leave a few words for the sweet René. [*she writes*] *"My dear Lieutenant Austin. I am so sorry that I was unable to await your return. Duty calls me. I know that some day we shall meet again."*

[*to the* BOY] When the Lieutenant returns, please give him this. [ENGEL *exits.* ANNA MARIE *follows, but she stops momentarily at the door. Taking the rose out of her buttonhole, she kisses it and throws it to the* BOY, *who catches it easily. She smiles.*] And give him this as well.

CURTAIN

INTERLUDE BEFORE ACT III

FIRST SWITCHBOARD
[*switchboard lights up;* TELEGRAPHIST *speaking*] A red automobile . . . a woman in a light tweed suit . . . and a beret . . . Accompanied by a British officer. Keep a lookout for them, especially near the Dutch border . . . Search them . . . and send them under heavy escort—immediately—to Brussels.

SECOND SWITCHBOARD
[*switchboard lights up;* GERMAN OFFICER *speaking*] Hello! Reporting secret orders from High Command. We are beginning an offensive attack against a portion of the right wing of the First Army. Tomorrow night, we cross the Belgian border. After we have taken Liège, the German troops amassed at the Akwizgran-Strassburg line will march toward the northern border of France. We anticipate that the Fifth Army will launch a counter-offensive.

163

In case of any Belgian resistance, we will make the appropriate reprisals . . . [*switchboard light goes out*]

FIRST SWITCHBOARD
The telegraph reads as follows: Mother . . . gravely ill . . . come . . . immediately . . .

SECOND SWITCHBOARD
[*switchboard lights up*] Liège taken. We are moving through Belgium. The French Fifth Army, attempting to mount a counter-offensive, engaged in a battle at the border that lasted four days. By August 23, they were defeated . . .

FIRST SWITCHBOARD
On this first day . . . of the new year 1915 . . . we wish you . . . Daddy . . . much luck . . . and a swift return . . . home . . . from the front . . . Jerzy . . . Anna . . . [*switchboard light goes out*]

SECOND SWITCHBOARD
Hello! I have a report to relay to the Counter-Intelligence Division of the Ministry of Foreign Affairs. For Dr. Matthesius. We have information that the list of German spies is now in the hands of the French Secret Service. Paris—3, rue François. Take whatever steps are necessary . . . [*switchboard light goes out*]

ACT III
PARIS, 1915

[*An apartment at 3, rue François, which serves as a branch office of the French Secret Service. The stage is divided into two rooms, separated by a wall between them. In the outer room, a barred window. In the inner room, a desk, a chair, a camp bed.* SERGEANT DUVAL *is sitting in the chair;* SERGEANT BERTRAND, *smoking a pipe, is leaning across the desk. In the outer room, three* SOLDIERS *are playing cards.*]

SCENE 1

[*The* SERGEANTS *page through a dossier on recent spy activities.*]

DUVAL
You know, old fellow, this sounds like the plot of a movie! It is simply impossible that such a young girl could have hoodwinked all of Brussels and gotten away with it!

BERTRAND
I assure you, it is entirely possible. A clever woman can fool a hundred men—and even get away with murder, without leaving a single trace behind.

DUVAL
I still don't believe it!

BERTRAND
It is pointless to quibble. [*picks up a folder and waves it*] Here it is in black and white in front of you. Secret Service dossiers are filled with facts, not film scenarios.

DUVAL
All right, then go on and read it to me.

BERTRAND
[*reads*] "That same night, Anna Marie Lesser crossed the Dutch border. The mysterious British officer was with her. Ultimately, he turned out to be a German Secret Service agent. A week later, on August 4, the Germans marched through Belgium and with little difficulty took Liège—using the plans that had been discovered by Lesser." [*pauses, then exclaims*] That is some remarkable woman!

DUVAL
What happened to her after that?

BERTRAND
[*reads*] "In November, she went under an assumed name to

England, purportedly to study painting. She rented a small place on the Isle of Wight; with a motorboat that she hired, she cruised the south coast of England. When she found out that the British Secret Service was tracking her activity, she boarded a fishing boat in Dover that was headed to Germany; but the boat sank near Calais. Anna Marie drowned, along with the three fishermen who were on board. She is described as [*insert here the description of the actress playing the role*] . . . Special characteristics: near-sighted, wears horn-rimmed glasses. For that reason, she has been dubbed 'Fräulein Doktor.'"

DUVAL
A small error there . . .

BERTRAND
What error?

DUVAL
Past tense: she *wore* glasses. She won't be wearing them anymore—not at the bottom of the sea . . . And certainly not now that the devils have claimed her!

[*They laugh.*]

SCENE 2

[*As the two* SERGEANTS *keep laughing,* ANNA MARIE *enters the room. She is dressed as a Normandy peasant girl, in cap and sabots, and she is carrying a pail, scrub brushes, and wash rags. The* SOLDIERS *jump up and start tickling and teasing her. She squeals and struggles. Hearing the strange sounds, the Sergeants open the door into the adjoining room. The Soldiers stand at attention.*]

BERTRAND
What is going on here? What's the matter? Who made that noise?

166

DUVAL

[*angrily*] Yes, what the hell is going on? Damned recruits. It's not enough that I allow you to play cards during office hours; now, on top of that, you have to entertain yourself by fooling around with the servant girl. I'll teach you a lesson! Get this straight: if I catch you again, I will give you a beating you won't soon forget and then I will send you directly to the front! And as for you, you silly girl— go to the other room [*he pushes her*] and get to work! Everywhere I touch, there is dirt and grime. But instead of cleaning, you dawdle with the soldiers. Don't let me see you slacking off again. Away with you now!

[*He shuts the door behind her. In the inner room,* ANNA MARIE *gets down on her knees and starts scrubbing the floor.* BERTRAND *puts on his coat and belt.* DUVAL, *very irritated by these events, paces the room.*]

SCENE 3

[*In the outer room, the* SOLDIERS *go back to their game of cards.*]

FIRST SOLDIER
The old man is really furious. I thought he was going to have a stroke!

SECOND SOLDIER
It is pretty clear that he wants the girl for himself.

FIRST SOLDIER
Ah! What a thing to suggest!

SECOND SOLDIER
Well, it's true. Just come over some evening, and you will see the two of them on the staircase, cooing to each other like a pair of doves.

FIRST SOLDIER
And what then—have the Sergeant knock my head off for spying on

167

him? Thanks anyway, but I would rather not. [*plays a card*] My King.

SECOND SOLDIER
Then I will play the Jack.

FIRST SOLDIER
Ace! The hand is mine. Pay up, fellows.

SCENE 4

[*In the inner room*]

BERTRAND
What is bothering you today? Are you jealous over that servant girl? Or is something else getting on your nerves?

DUVAL
Jealous or not jealous—it's no business of yours. One thing is certain, though: unlike you, I don't have a girl on every street corner.

BERTRAND
Obviously not. With a face like yours, it's no wonder. [*starts to leave the room*] See you later, "Your Excellency." I'm leaving.

DUVAL
I hope you break a leg!

BERTRAND
[*turns back*] Oh, by the way, I almost forgot—where is that list of German spies that our people bought this morning? Is it in the safe?

DUVAL
No, no, not the safe. I figured that was the most obvious place, the first spot that anyone would look. So I stashed it somewhere more secure—in the desk. No one would dream of searching for it there.

Why do you ask?

BERTRAND
Tilly phoned this morning to say that he plans to start rounding up the spies tomorrow. Later this evening, he will send someone by to pick up the list from you and get it copied for the various departments that will be involved in the operation. About time, too. At least you will finally be able to move off the desk that you have been guarding so zealously, and into bed [*nods toward* ANNA MARIE]—into bed, with that girl, if you like . . . Sound good to you?

DUVAL
[*ignoring the implication*] You call yourself a Sergeant of the Secret Service? Someone telephones you about the list—the only copy that we have—and you are ready to hand it over? How can you be sure it was Tilly? You should know that sensitive matters like these are never arranged by phone. They are always handled personally, by people with whom we are familiar and who have the proper credentials. I have no intention of giving up the list.

BERTRAND
Do you take me for an idiot? Don't you think that I can recognize Tilly's voice?

DUVAL
You *are* an idiot—and you have just proven my point. Anyone can imitate a voice, especially over the telephone. Such carelessness is precisely the sort of thing that can get you court-martialed, even executed. No, thank you. I don't plan to give up the list unless Tilly himself comes to claim it.

BERTRAND
Suit yourself. I've told you what he said; you can do whatever you like. Besides, I know the man he is sending to collect it.

DUVAL
Well, I don't know him, and I won't give him the list. . . . I always

took you for an intelligent fellow; now I see how green you really are. Believe me, in the course of my career, I have had at least ten such telephone calls, and all of them proved to be false. I am warning you: I won't allow myself to be played for a fool and a naif—not like you, Bertrand, an ex-wine merchant whose only military training is as a reserve officer. Reserves! Tfu! . . . But now, for God's sake, get going. I want to talk to Marie.

BERTRAND
Hmm, I know the kind of talk you want to have with her. So long for now, Casanova!

[BERTRAND *exits through the adjoining room, shaking his finger in a threatening way at the* SOLDIERS *as he passes.*]

SCENE 5

DUVAL
[*walks around the room, picks up his pipe, fills it with tobacco; finally he speaks*] Marie! Marie! Have you thought about what I said? Well?

ANNA MARIE
Oh, go away and leave me alone! You are too old for such things.

DUVAL
I am not that old. I am only forty-nine—a perfect age!

ANNA MARIE
[*sniggers*] Perfect age—for what? Don't make me laugh!

DUVAL
[*offended*] What do you find so amusing, you silly little goat?

ANNA MARIE
You! Why, you are exactly as old as my father. [*He reaches for her, but she evades his grasp.*] Stay away and let me get back to work!

What is the matter with you?

DUVAL
[*running after her*] Marie! Marie!

ANNA MARIE
[*slipping behind the desk*] I don't understand. What do you want from me, Mr. Duval?

DUVAL
Come on, Marie. Won't you give me a little kiss? Playing coy, huh? All right, then, I will just have to steal one from you . . .

[*He corners her near the desk and tries to embrace her. She screams and pushes him away. During the scuffle,* ANNA MARIE *manages to push against the key and open the desk drawer, which hits the floor. All the papers fall out.*]

DUVAL
[*shouts*] Stand still! Don't move, or I will shoot you!

ANNA MARIE
[*pretending to be scared*] Shoot me? For what possible reason?

DUVAL
[*recovering his composure*] Nothing. It's nothing, I suppose. Go over there and lock the door so no one can get in. [ANNA MARIE *does as he bids.*] Good, good.

[*With trembling hands,* DUVAL *picks up the papers and begins putting them back into the drawer. Examining them carefully, he sorts them into small piles.*]

SCENE 6

[*In the outer room*]

SECOND SOLDIER
Did you hear that?

FIRST SOLDIER
He locked the door.

SECOND SOLDIER
Looks like we may have to answer to two bosses soon. That's one clever girl, don't you think?

THIRD SOLDIER
Very clever indeed. Who would have thought it? She looks like such an innocent. And now it will be "Madame Duval" here, "Madame Duval" there . . .

SECOND SOLDIER
[*plays a card*] Aha! That's my trick.

FIRST SOLDIER
I'll be damned if it is! The trick is mine. I covered your Queen with my King.

SECOND SOLDIER
Go ahead. You can have it.

FIRST SOLDIER
Don't try your cheating with me, or I will bash your face in! Enough is enough. Now pay up. You owe me ten sous.

THIRD SOLDIER
[*putting down his money*] Here's your money. Ten sous.

SCENE 7

[*In the inner room*]

ANNA MARIE
Let me help you.

DUVAL
Don't you dare make a move! [*after a moment*] . . . Oh, all right, come over here next to me. Thank God you are as stupid and as unaware as an old boot. Are your hands clean?

ANNA MARIE
Of course they're clean!

DUVAL
Then go ahead and start picking up some of these papers. No, no! Not like that! Don't grab at them. One at a time! Just one at a time! What's your hurry?

ANNA MARIE
[*innocently*] What are all of these papers for?

DUVAL
Lists, addresses—none of which concerns you. Why do you want to know?

ANNA MARIE
[*with some indignation*] Just asking . . . No special reason . . . I don't understand what's wrong. You were so nice to me before. You spoke so sweetly: Marie, come here! Marie, go there! Now you are being absolutely horrible!

DUVAL
I can't help it. This is my work. These papers are official documents, and they are quite important.

ANNA MARIE
[*naïvely*] Aha, papers from the mayor. Probably land deeds, then.

DUVAL
[*affectionately*] Marie, you silly little girl! What do you know about mayors or land deeds? Never mind, my dear, you are so pretty that it makes up for your lack of intelligence. Pretty—but rather dirty. I should buy you a sponge and some soap so you can clean yourself up . . . [*the drawer is finally restored*] Thank God, that's done now. All of the papers are back in place, just as they originally were. No one would even guess that they had fallen onto the floor. [*gets up off his knees and sits in an armchair*] Marie! Come over here! Come to me!

ANNA MARIE
What now?

DUVAL
You will see. Come on! Come closer, don't be frightened. Sit here. I will tell you something—something very important. Come, come. I know that you are a good girl after all. Decent, as they say.

ANNA MARIE
I certainly am. Each week, I go to church to make my confession.

DUVAL
That is quite proper of you, Marie. But now tell me . . . whisper into my ear . . . it will be our secret. Have you ever . . . er . . . ever been with a man?

ANNA MARIE
What a question! Do you think that I am like the girls in town, who will do anything for a new dress or a hat? [*starts to cry*] When I left my village to go into service, my father warned me that if I returned with a baby, he would beat me with the belt from his trousers and then drown me in the ocean. And he would, too . . . How can you even suggest such a thing about me? [*keeps crying*]

DUVAL
Calm down, Marie! Pull yourself together! No reason to bawl like that. I didn't hurt you. I was just asking you a simple question. Listen to what I have to say . . .

ANNA MARIE
Well?

DUVAL
[*pompously*] Just outside of Paris, at Argenteuil, I have a little cottage, with a nice vegetable garden and an orchard, worth at least 60,000 francs. And imagine this, I live there alone. But I want a faithful wife for myself, a wife who will cook good meals for me—because I am a bit of a gourmet—and also do mending, washing, and sewing. I want a woman who can take care of all of the housekeeping. So, does that appeal to you? Would you like me to marry you and make you my wife?

ANNA MARIE
Do you mean a real and proper wedding, with a long dress and a veil? Or are you asking me just to live with you as . . .

DUVAL
No, I am proposing a proper ceremony, with you in white. And I will wear my best suit.

ANNA MARIE
[*sits on his knee and throws her arms around his neck*] Why didn't you say so in the first place? Of course, I will! After all, any girl would be proud to marry you!

DUVAL
Oh, so now I am no longer too old for you?

ANNA MARIE
A man is never too old to be a husband.

DUVAL

[*acting a little more possessive*] You are quite graceful and well-built. Such a nice figure. And while your breasts are a little small, they are firm and well-rounded, just the way I like them. Tell me, how old are you?

ANNA MARIE

My father says that I am twenty.

DUVAL

And you promise that you will cook good meals for me? With real butter? Because I only like foods prepared with real butter.

ANNA MARIE

Yes, yes, only real butter. But stop tickling me now!

DUVAL

[*touching her legs*] Ah, ah, ah, your legs! I had not noticed them before. They are dirty but shapely, like the legs of an agile young deer.

ANNA MARIE

Other men have said similar things, and yet nothing came of their words. Old Jean flattered poor Agata the same way—and then went off and left her with triplets! [*As she speaks, he touches her legs.*] Stop now! First we must get married. The fun will come afterward.

DUVAL

All right. Then we will get married. I promise. [*offers his hand*]

ANNA MARIE

Promise! [*shakes his hand in acceptance, according to the common custom of the market*]

[*In the street, a military band can be heard playing "Madelon," as people join in the patriotic song. DUVAL leaves ANNA MARIE's side and runs to the window; in the other room, the SOLDIERS do the same. They too begin shouting and waving handkerchiefs.*

176

Meanwhile, Anna Marie crosses the room and, from her wash pail, removes a small bottle of chloroform.]

DUVAL
[*without turning, but still looking out the window, he shouts to her*] Marie, come here and look at our poilus! [*Ed. note: poilus were first-line French soldiers during World War I*] What are you doing?

MARIE
I'm coming. Right away. I just need to pick up my wash rag.

[*The band is heard again, now closer than before. The shouting and singing grows louder as well.* DUVAL *and the* SOLDIERS *sing "Madelon" to swell the noise. Quickly,* ANNA MARIE *uncorks the bottle, pours the contents onto a blanket that is rolled up on the camp bed, and quietly carries it across the room. From behind, she throws the blanket over Duval's head; at the same time, she trips him with her foot. Duval struggles and falls. Anna Marie kneels, pressing the blanket to his face until he stops moving. Then, with a piece of string, she ties the blanket around his head, runs to the drawer, and removes the spy list, which she hides under some rags in her wash pail. Calmly, she unlocks the door and passes through the adjoining room. Throughout the entire scene, the Soldiers—who are still at the window waving to the regimental marching band below—are unaware of her presence. From below, drowning out all other sounds, is the noise of the band, the singing, and the shouting.*]

SCENE 8

FIRST SOLDIER
[*moving away from the window*] There goes another regiment. Soon it will be our turn to go to the front.

SECOND SOLDIER
[*moving away from the window*] You said it! In a month's time, we will be long gone from here. I only hope my next stop will not be

Père Lachaise Cemetery. . .

FIRST SOLDIER
You'll be gone, all right. But in a common gravesite, not buried among the aristocrats at Père Lachaise.

SECOND SOLDIER
You know, Jean, it's an interesting thing. Every time there is a new push to the front, I see before my eyes a vision of black holes and white crosses, inscribed with the words "Killed in action, on the field of glory." Hmm. That image keeps repeating in my mind. "Field of glory, field of glory" . . .

FIRST SOLDIER
You don't seem too anxious to become a great patriot.

SECOND SOLDIER
I'm not! My instinct for survival is strong . . .

THIRD SOLDIER
[*from the window*] Look at that, fellows! Marie is getting into a taxi. She must have turned the head of some driver and convinced him to take her for a free ride. That girl has amazingly good luck with men: first the Sergeant, now a driver. Mark my words, she will end up marrying a General! Ho, ho! But how did she manage to get away from Duval? I didn't even hear her leave.

FIRST SOLDIER
[*sniffing something*] Am I just imagining it, or do you smell something odd?

SECOND SOLDIER
[*sniffing*] I smell it too. It's very sweet.

THIRD SOLDIER
Must be the kiss of Marie.

SECOND SOLDIER
Don't say such foolish things. . . . We should check it out.

THIRD SOLDIER
Aha! The strong odor of acetone or chloroform. And it's coming from the other room.

FIRST SOLDIER
They were drinking chloroform in there instead of wine?

SECOND SOLDIER
Could it be some kind of antiseptic?

THIRD SOLDIER
Stop talking, you fools! It *is* chloroform. I hope Duval hasn't been drugged!

SECOND SOLDIER
He is far too shrewd and cunning. That could never happen to him.

THIRD SOLDIER
Still, I can't help but be concerned. Something is definitely wrong, no denying that . . . First we spot Marie getting into a taxi; then the strange scent of chloroform next door . . . I don't like this a bit. [*knocks on the door but gets no response*] We must go inside!

[*They push open the door, which* ANNA MARIE *had locked on her way out, and run to* DUVAL, *who is lying motionless. They rip off the blanket, almost asphyxiating themselves in the process, and try, unsuccessfully at first, to revive him. After the* SOLDIERS *lay him on the camp bed, Duval finally mumbles a few words, then rolls over, fast asleep.*]

THIRD SOLDIER
I told you so! We should have entered immediately.

FIRST SOLDIER
But who would have suspected it?

SECOND SOLDIER
Get some water! If we pour a bucket over his head, we might revive him.

THIRD SOLDIER
No use. It was condensed chloroform. I have seen it used before. If the window weren't open, we would all have been dead by now. [*motions toward the desk*] I'll be damned!

FIRST AND SECOND SOLDIERS
[*in unison*] What is it? What else could go wrong?

THIRD SOLDIER
The desk! It is open and unlocked! And the papers are—gone!

SECOND SOLDIER
Oh, Lord! They will give us the guillotine for this!

FIRST SOLDIER
Quiet, men! This is all Marie's doing. We must get a hold of her.

SECOND SOLDIER
It's her fault. She's a German spy all right. No doubt about it.

FIRST SOLDIER
Go to the phone! Call the police.

SECOND SOLDIER
Right away! And you must get in touch with the Commandant immediately. [*exits right*]

FIRST SOLDIER
We are finished. If they don't take off our heads for this, they will certainly send us to the front.

THIRD SOLDIER
That damn Duval and his foolish infatuation!

FIRST SOLDIER
[*at the phone*] Hello! Hello! Wagram 14-28. Hello. Rue François calling . . . Private Jean Claudière speaking. Inform the Commandant that Sergeant Duval has been drugged . . . Yes, the papers were stolen . . . How do I know which ones? I can't tell them apart . . . What? What? The Commandant is not there? Well, where is he? Where? With Sergeant Bertrand? When will he be back? Oh, hell, is he there or isn't he? . . . Hello? Hello?

SCENE 9

[*As the* SOLDIER *is speaking on the telephone,* CAPTAIN TILLY *enters the room accompanied by* SERGEANT BERTRAND.]

TILLY
What's happening here? Are all of you mad?

BERTRAND
Where is Duval? [*sees him on the bed*] Is he ill? What's that smell? Is it—chloroform?

FIRST SOLDIER
I have to report . . . I have to report . . .

TILLY
Say what you have to say, you idiot!

FIRST SOLDIER
I have to report . . . I have to report . . . that Sergeant Duval was drugged, and some papers from the desk drawer have been stolen!

BERTRAND
Damn you all! Not the list of spies? Not the only copy?

TILLY
How did it happen? We were just talking about the list . . .

181

THIRD SOLDIER
I swear to you, Captain, that we were alert at all times. No one nodded off, not even for a second. This must be some kind of miracle. There is no way that we could ever have guessed . . .

BERTRAND
But who? Who did this?

FIRST SOLDIER
I have to report . . .

BERTRAND
[*shaking him*] Stop babbling, or I will slap you! Who is it? Who was here?

SECOND SOLDIER
Marie, the servant girl. She is the one who . . .

TILLY
Enough! You can explain yourselves further to the military court. [*to* BERTRAND] Sergeant, watch the door! If anyone moves, shoot! I am warning you men . . .

BERTRAND
[*pulling out his revolver*] Yes, Captain, sir!

TILLY
[*at the telephone*] Command Post! C-O-M-M-A-N-D   P-O-S-T! Hello! Command! This is Captain Tilly, from the Second Division. Please take note. A moment ago, at the Secret Service Headquarters on the rue François, the list of German spies was stolen. Yes, from the desk of the Sergeant on duty. Contact all of the stations; man the barriers; check everyone who tries to enter the train platforms. Tell them to detain any person suspected of committing crimes of treason against the state. And convene the war tribunal.

[*Looking at the desk, he finds the horn-rimmed glasses that* ANNA MARIE *had been wearing earlier and tosses them back onto the desk.*] The thief who stole the plans was a German agent, Anna Marie Lesser, also known as "Fräulein Doktor."

CURTAIN

INTERLUDE BEFORE ACT IV

FIRST SWITCHBOARD

Hello! This bulletin is being broadcast from the Army radio station at the Eiffel Tower, Paris, to all border outposts. Urgently seeking a fugitive: German agent, Anna Marie Lesser, also called "Fräulein Doktor," who is known to have recently fled Paris. Height . . . eye color . . . hair color . . . face shape . . . [*fill in details of the description, based on the actress who is playing the title role*]. The fugitive was last seen wearing a peasant dress, with a red kerchief on her head, and well-worn sabots without stockings.

SECOND SWITCHBOARD

This is the shortwave station on the border at the NS 12 line responding. A few hours ago, a woman matching the description you posted crossed the border near Nasproue-Eupen. Afterward, some five hundred meters from the roadway, we discovered three corpses: two border guards and one soldier. Each of them had sustained a single shot to the chest from a .35 caliber revolver.

SECOND SWITCHBOARD

Attention! From Berlin! A special bulletin updating the most recent announcement from the Office of War Correspondents. February 16, 1916. Under Marshal Falkenhayn, our brave armies are marching steadily to the north in the direction of Verdun. His Excellency Wilhelm II himself has arrived at the front line. This ends the official communication. The time is fifteen seconds before twelve. We now switch back to the local stations.

[*Switchboard lights go out. As the clock starts chiming, the* CURTAIN RISES.]

183

ACT IV
BERLIN, 1916

SCENE 1

[*Secret Service Headquarters. A partial view of Anna Marie's study reveals a desk and two armchairs; in the background hangs a black curtain. It is night; everything is dark. A spotlight defines the area where* ANNA MARIE *sits reading at her desk. Wearing black horn-rimmed glasses, she is examining some papers by the light of a lamp. The clock chimes eleven o'clock. There is a knock at the door.*]

ANNA MARIE
Come in!

MATTHESIUS
Are you sure that I am not disturbing you?

ANNA MARIE
No, Doctor. I am just preparing for tonight's meeting. Do you have some news to share with me?

MATTHESIUS
Operations have begun at Verdun.

ANNA MARIE
So I heard. I fear, though, that it will cost us dearly: we will lose a lot of men. Anything else?

MATTHESIUS
Almost nothing to report from the Office of Legal Affairs. But a certain Gerhard has come forward to offer his services. He has a shop in London, opposite the British Foreign Office, and believes that he can be of use to us.

ANNA MARIE
I know him. He is a bluffer and a liar. Don't trust him an inch . . .
certainly no further than you can see him. Where is he now?

MATTHESIUS
Waiting downstairs.

ANNA MARIE
That's good. Let him wait. I will deal with him later.

MATTHESIUS
There is something else. It is of a personal nature—and it involves
you directly.

ANNA MARIE
Something about me? You are being very cryptic now. But you
have my attention.

MATTHESIUS
Anna Marie Lesser, I am pleased to offer you my sincerest
congratulations. For your excellent work in Paris, His Excellency
the Kaiser wishes to honor you with the Order of the Black Eagle.
And, if I may say so, high time, too! You ought to have had it a year
ago!

ANNA MARIE
[*indifferently*] The Order of the Black Eagle? What for? Hang it
instead on the grave of one—any one—of our dead young soldiers.
I don't need the decoration—I am still alive, and still doing the job I
am supposed to be doing. Is that all you have to tell me, Dr.
Matthesius?

MATTHESIUS
Yes, except that His Excellency has also increased your salary to
20,000 marks.

ANNA MARIE
Tell His Excellency that the money could be better spent—but not

on administrative costs. It should go to the starving widows, who are struggling to survive on 25 marks a month and who are dropping dead from hunger.

MATTHESIUS
You are a strange young woman, Anna Marie. I can't quite figure you out.

ANNA MARIE
Then why try? I assure you that I am of little interest to anyone. . . . Forgive me if I seem abrupt; I don't mean to. It is just that I am very busy, and I have so much on my mind at the moment.

MATTHESIUS
That is understandable. I admire you for your brilliance and intelligence, even though . . .

ANNA MARIE
Even though what, exactly?

MATTHESIUS
Even though . . . well, even though a certain roughness on my part . . . hmm . . . causes me to be a bit gruff and keeps me from expressing myself properly. Especially when it comes to the fair sex—that is, to a woman like you.

ANNA MARIE
Doctor, you should think twice before spouting such nonsense. When was I ever a woman in your eyes? Perhaps during my escape from Nasproue, when I killed three soldiers in order to save my own life? Or perhaps in Paris, when I had to scrub floors every night for three months to uncover vital counter-intelligence? Or maybe in Brussels or in London, when I had to let some fool in a uniform with a monocle in his eye fondle me just to get information from him about the foreign armies? Go ahead—tell me. When did you ever give me the chance to be a woman?

MATTHESIUS

[*after a pause*] Anna Marie, may I be honest with you? After all, it is time that we began speaking to each other without always measuring our words, without compromising our humanity for our sense of duty. Do not mistake my interest in you for romantic feelings . . . I am old enough to be your father, and I have no intention of making a fool of myself. But trust me when I say that I am greatly concerned for your welfare and your happiness—the same happiness that has always eluded me in my own life.

ANNA MARIE

I do trust you. Yet I can tell that there is something else on your mind. Instead of beating around the bush, just ask me.

MATTHESIUS

Will you answer me honestly?

ANNA MARIE

Of course.

MATTHESIUS

[*kissing her hand*] Thank you. But it is difficult for me . . .

ANNA MARIE

Must I put you at ease?

MATTHESIUS

I ask this not just as a man but as a doctor of medicine. Are you . . . are you . . . already a fully mature woman?

ANNA MARIE

No!

MATTHESIUS

How can that be? Forgive me for being so direct—but weren't you the late Wynanky's lover?

ANNA MARIE
Never!

MATTHESIUS
But the two of you . . .

ANNA MARIE
He did not have the desire.

MATTHESIUS
Perhaps he was unable to perform . . .

ANNA MARIE
No, he simply had no desire.

MATTHESIUS
Was he ill?

ANNA MARIE
[*silent*]

MATTHESIUS
I see. Now it all makes sense.

ANNA MARIE
No, Doctor, you don't see anything—even though I have been completely open with you. The truth is *that I am waiting . . . all my life I have been waiting . . .* for some fulfillment, for some spark of happiness or sign of affection.

MATTHESIUS
If the admiration of an old man such as myself, broken by life, can lighten your heart . . . then I wish you . . . I wish you . . .

ANNA MARIE
You are very kind, Doctor. But it is too late. Much too late for me to find any joy.

MATTHESIUS
[*falls silent for a moment, then proceeds*] Still, I cannot help but wonder . . .

ANNA MARIE
Another sensitive question, Doctor?

MATTHESIUS
You will have to be the judge of that . . . I wonder how you find the strength to go on. You work all night and sleep all day. Such a way of life is hardly normal. It is a puzzle to me how you do it. For two years, you have served as the brains behind the German army—the likes of Hindenberg, Lüdendorf, and Falkenhayn hang on your every word. You have the indefatigable energies of two, three people! Never have you weakened or faltered. What is it that drives you so hard?

ANNA MARIE
[*removes a box from the desk and hands it to* MATTHESIUS]

MATTHESIUS
[*examines the contents, then exclaims suddenly*] What—what is this? My God, it's morphine!

ANNA MARIE
Surprised? It is my downfall—everyone has his own. But it is also my salvation!

MATTHESIUS
Anna Marie, this is utter madness! Don't destroy yourself this way! You are barely twenty years old, beautiful, talented: you have the whole world at your feet. Let me help you. No one would have to know. I will give you leave from your position so you can visit a sanitarium. As your superior, I am responsible for you. As your colleague and friend, I cannot watch idly as you drive yourself to your death!

ANNA MARIE

[*in a weak, almost monotonous voice that sounds distant and detached*] Your help, Doctor, is useless to me. I am already at a stage where the addiction is too powerful, even for your medical intervention. Simply put, the end is near for me. It is coming: within a year, perhaps even less. Soon only memories will remain, and perhaps a few pages in obscure history books and some legends about a mad adventuress of the early twentieth century, whose life was one great paradox: *she successfully pursued her goals—without having any goals to pursue.*

Phrenologists will percuss my skull and examine the stitches. Psychologists will spin their theories. Novelists will use me as a subject of their pseudo-psychoanalyses. But no one will realize that I was a woman who knew too much of life too soon, and who in turn expected too little of it. We can't fight fate, Doctor. Aeschylus, Sophocles, and their contemporaries knew that, even if we have long since forgotten the lessons they taught us.

[*ironically*] You say that the whole world is before me! . . . No, no . . . We differ little from the most primitive peoples—only in our machinery and our technologies, if that. Yet all of our propellors, engines, transmission belts, and other technical innovations cannot help us to master our fate. I never mastered mine . . . Ultimately, no one can. That is the ugly little secret of life, whether we realize it or not.

MATTHESIUS

What you say is frightening!

ANNA MARIE

I am on the verge of madness—that is why I see more than I would like to see.

MATTHESIUS

[*after a long while*] So you definitely do not wish medical attention?

ANNA MARIE
Don't be childish, Doctor. It is too late. The most terrifying words
in the dictionary: "too late." [*pauses*] Let us forget that we even
brought up this matter. After all, we must do what we must do.
Therein lies our tragedy and our triumph . . . Tomorrow, I shall
travel to the front!

MATTHESIUS
I forbid it. There is no way to get there safely. Don't tell me that
you propose to go through the line of fire?

ANNA MARIE
There are other routes. By sea, for instance.

MATTHESIUS
How? The French and British navies are at the line. You will never
get through by water.

ANNA MARIE
[*smiling*] Then only one route remains.

MATTHESIUS
By plane? Never! You will be shot down.

ANNA MARIE
No—*under water.*

MATTHESIUS
Under water?

ANNA MARIE
The Minister of War has made available to me a U-boat. That way, I
can get to Barcelona, and from there to Verdun.

MATTHESIUS
[*clapping his hands*] Sheer genius!

ANNA MARIE
Not genius, Doctor, but madness. As I have already told you, the horizons of the madman are necessarily broader . . . But before I leave . . .

MATTHESIUS
Yes?

ANNA MARIE
Before I leave, I will rid the offices at Koniggrätzerstrasse of all "ghosts."

MATTHESIUS
Do you really suspect that . . .

ANNA MARIE
More than suspect. I am convinced. The list of spies was sold to France not by any of the usual culprits. It is far more serious than that: we have a traitor right here, in our own headquarters.

MATTHESIUS
Impossible. There are so few of us, and all have been thoroughly vetted . . . Herst, Engel, Mueller . . .

ANNA MARIE
Yet somehow France knows all the most vital information almost as soon as we do.

MATTHESIUS
I admit that it looks that way.

ANNA MARIE
[*hands him a piece of paper*] On November 23, we engaged a new man, Lensen. Four days later, he crossed the border. The day after that, he was captured and promptly executed. Our other agents knew nothing about him. Then who gave him away?

MATTHESIUS
I have no idea.

ANNA MARIE
But I do. And I think that I can resolve this whole matter. Give me a
half hour alone. . . . [*hands him a sealed document*] I have written
down a name and placed it in this envelope. In exactly thirty
minutes, if you have not heard from me by telephone, open the
envelope and take the appropriate action.

[MATTHESIUS *leaves.*]

SCENE 2

ANNA MARIE
[*lifts telephone receiver*] Hello! Please ask Captain Engel to come
and see me. [*hangs up the receiver, jots down some notes; after a
while, there is a knock at the door*] Who is it?

ENGEL
It is I—Engel. They said that you wanted to see me?

ANNA MARIE
That is true. Otherwise you would not be here. Please have a seat.

ENGEL
[*sits down*] You are truly a strange woman.

ANNA MARIE
[*dryly*] So I have been told before.

ENGEL
Not by me . . .

ANNA MARIE
Hardly. Do you know why I have asked you here?

ENGEL
No, I cannot guess.

ANNA MARIE
So much the worse for you, then. It just gives us that much more to talk about. [*hands him a cigarette, lights it, then asks suddenly*] Where were you last night?

ENGEL
At the theater. Why do you ask?

ANNA MARIE
That is my business, and at the moment we are discussing yours. You are not being honest with me. I know that you were not at the theater.

ENGEL
Anna Marie! What gives you the right to question a staff officer?

ANNA MARIE
You will address me as Fräulein Lesser. I despise it when people call me by my first name. It reminds me of a time when I was forced to scrub floors . . .

ENGEL
Why would I have any reason to lie to you?

ANNA MARIE
Apparently, because you have something to hide. [*hands him a ticket*] Here is your theater ticket, with the stub still attached to it. It was found this morning in your smoking jacket.

ENGEL
You have been spying on me?

ANNA MARIE
That should be obvious, if I am returning to you your own ticket, found in your own clothing.

ENGEL

Do you know the consequences of casting suspicions on a staff officer?

ANNA MARIE

Have I accused you of anything? Has anyone else? [*ironically*] You impugn my motives. Do you think that I pursue you out of love or jealousy? Hardly! My dear fellow, this is no mere caprice. [*coldly*] I will tell you what gives me the right to question you. I have a warrant issued by the Minister of War that entitles me to act, according to my discretion, in the interests of the country. It is a power that I have held for more than two years now.

ENGEL

Then what do you want from me?

ANNA MARIE

For the moment, Captain, only your attention. I assume that I am not keeping you from a more pressing engagement?

ENGEL

Obviously, no matter is more pressing than this.

ANNA MARIE

In that case, let me tell you a little story, of an incident that occurred about a month ago in Paris. One of the young women who was working in an expensive dress shop copied a few of the finest evening gowns and sold them to a rival firm. [*She hands* ENGEL *a newspaper and points to an article, which he reaches for almost mechanically.*] She was sentenced to spend three months in jail. Do you know why, out of all the other seamstresses in the shop, suspicion fell directly on her? Because she was the most skillful and clever worker in the place. So clever, in fact, that she was too clever. Too clever, even, by half. And too clever is the same as dangerous. My dear Captain, I have been watching you since Brussels, and I realized that you were the most clever of all of the agents in the Secret Service.

ENGEL
How dare you! I can prove to you . . .

ANNA MARIE
[*coolly*] That is exactly what I expect you to do, Captain Engel. To prove to me that I am wrong. But I am afraid that you can't do that.

ENGEL
Do you have any idea of the high regard in which I am held? His Excellency has a very good opinion of me . . .

ANNA MARIE
I know that. But I also know that you took advantage of his trust. That is why you are here now as a defendant.

ENGEL
And you are prosecuting? [*laughs*] This time you have gone too far, my dear girl. You may have shown yourself to be a reasonably capable worker, but this time your past successes will not save your skin. You have the audacity to accuse me, a Captain on the staff of His Excellency himself, of being a traitor and a spy? I knew long ago that this contest would come down to the two of us. Too bad that you won't live long enough to see the outcome!

ANNA MARIE
[*calmly*] Are you finished?

ENGEL
Yes. Be aware, however, that only one of us will walk out of this room alive. So which of us do you think it will be?

ANNA MARIE
Without question, I will—and you won't stop me.

ENGEL
And just how do you plan to do that?

ANNA MARIE
Very simply: if I choose to leave, I will leave. If I choose to stay, I will stay. But whatever I decide, the decision will be mine! All mine—and only mine!

ENGEL
Indeed? We will see about that. Don't forget that we are alone on this floor. No one will come to your aid. So we will see who . . .

ANNA MARIE
Sit down and be quiet! You don't frighten me at all. Initially, I thought that I would find you to be a very dangerous adversary, but I see that you are nothing of the kind. You are just a clown. It's no use trying to bluff your way out of this.

ENGEL
Go on.

ANNA MARIE
For two years now, I have suspected you of being an enemy spy. Today I finally knew for certain. An encoded letter to General Smith of the British command fell into my hands . . . That letter was written by you!

ENGEL
[*suddenly alarmed, grabs his chest and becomes visibly rattled*]

ANNA MARIE
Is it your heart? If so, Captain, it would be wise to avoid sudden sensations. Maybe a glass of water? No? Are you better now? Then I will continue . . . Your fortune unraveled with that letter, which will be in Matthesius's hands within the next ten minutes. Don't deceive yourself into thinking you can stop me. You are completely finished now. I speak to you with regret, not out of some false sense of patriotism, because that impulse does not drive me. Englishmen are the same kind of people that we are, and I see no reason to kill them in the name of old slogans that no longer have any meaning. I speak only as a loyal worker whose service has been undermined by

the secrets that you have sold. Yes, Captain Engel, you are undone—by your own hand.

ENGEL
[*broken*] Fräulein, why do you want to ruin me? What harm have I ever done to you to warrant such treatment?

ANNA MARIE
Don't blame me. You have ruined yourself. For stealing and betraying secret information, you must accept the punishment. It is just as you said a while ago: only one of us will survive. And even though at times my life seems meaningless to me, I must go on. Tomorrow, I am leaving for the front, and I refuse to meet the same fate as Lensen did.

ENGEL
But I have a wife, a small child. You are a woman. Someday you will be a mother. Surely you must empathize.

ANNA MARIE
[*crying out, sharply, almost hysterically*] No! I am not a woman! And I will never be a mother! I forbid you to make such assumptions about me! [*calms herself*] Let us not prolong this already unpleasant conversation. You have a choice—a trial, at which the only witnesses on your behalf will be your wife and child, followed by disgrace and punishment. Or—suicide. The cards have been dealt, and you must play out the hand. Of course, you can always shoot me—that is, if you *can* shoot me—but even my death will not save your life. Consider carefully your next move.

[*Behind the stage, in the distance, the sounds of an execution squad can be heard. A command is issued, and shots are fired.* ENGEL *and* ANNA MARIE *sit across from each other, motionless.*]

ANNA MARIE
I am waiting.

ENGEL
All right. I am leaving.

ANNA MARIE
[*handing him a revolver*] Wait a moment—take the revolver.

ENGEL
Keep it. You may need it. I have my own.

ANNA MARIE
I insist. Your revolver is useless. For a month now, you have been walking around with blank ammunition.

[ENGEL *takes the revolver, looks around, and exits.*]

ANNA MARIE
[*at the telephone*] Hello, Dr. Matthesius? I am calling, as promised . . . [*falls exhausted onto a chair and sits without moving, resting her head on her hand*]

SCENE 3

MATTHESIUS
[*enters, envelope in hand*] Perhaps now you can tell me what is so important.

ANNA MARIE
The envelope that I gave you . . . don't destroy it just yet . . . it contains . . .

MATTHESIUS
[*concerned*] Anna Marie, you look strangely tired. What is it? Your heart?

ANNA MARIE
No, my heart is quite sound. But even the strongest heart is susceptible to a strong dose of morphine. After a few moments, that

reaction usually subsides . . .

[*Offstage, a revolver shot rings out.*]

MATTHESIUS
What happened? What was that noise?

ANNA MARIE
Captain Heinrich Engel has committed suicide. A debt of honor . . .
Now you can destroy the envelope.

CURTAIN

ACT V
VERDUN, 1917

SCENE 1

[*At the front line near Verdun. The scene is a dug-out that has been converted to a field dressing station. The dug-out is littered with stretchers. Two tables are covered with bottles of disinfectants, bandages, surgical tools, and other Red Cross field apparatus. At right is a huge telegraphic hook-up with headphones and an antenna. At left, on a pile of stretchers, sits an older man, a Scottish* DOCTOR. *Dressed in the uniform of the Red Cross, he is smoking a pipe. The noise of machine guns breaks the silence; it is followed by the explosion of shells. The Doctor pays little attention to the sounds around him. A* TELEGRAPHIST *enters from outside.*]

TELEGRAPHIST
[*entering*] Getting hotter, eh, Doc?

DOCTOR
Maybe that is why we are seeing fewer wounded. At the moment, there is no work for me around here.

TELEGRAPHIST
Thank God for that! When the American Army gets here, I suppose there will be nothing at all left for us to do.

DOCTOR
That won't be long, I guess.

TELEGRAPHIST
Next week, or so they say. Have you had your supper already, Doc?

DOCTOR
Not yet. There is no hurry.

TELEGRAPHIST
Actually, Doc, there is. The Tenth is approaching. Besides, you need to take better care of yourself. You have to start eating proper meals. You don't eat. You don't take leave. You have been sweating day and night for months. Especially at this distant outpost, we have to keep up our strength, keep our nerves strong and our stomachs full!

DOCTOR
Doesn't matter. It's all the same to me.

TELEGRAPHIST
Why, Doc? Don't you have any family?

DOCTOR
I did—once.

TELEGRAPHIST
And now?

DOCTOR
Now I don't. My three sons were killed in the first year of this damned war. My wife died the following year. I have no one left anymore, no one to go home to.

TELEGRAPHIST
So that's why you're here. I am sorry for you. But that doesn't mean you should be looking for death.

DOCTOR
Looking, not looking—what's the difference? Either way, death will find me. . . . Perhaps for now I will be spared for further service—that's God's business. As for me, I am just sitting here waiting for more wounded.

TELEGRAPHIST
Your indifference makes you one of us, Doc.

DOCTOR
How about you, Sergeant? Aren't you ever frightened?

TELEGRAPHIST
Absolutely terrified sometimes. Everyone is. But I try not to think about it.

DOCTOR
So what frightens you? Is it the thought of death?

TELEGRAPHIST
Not really. I don't care when it comes—today, twenty years from now, it's all the same to me. But what I fear most is crippling injury. I can't bear the thought of returning home armless or blind. Brrr! I would rather shoot myself in the head with my own revolver than live a half-life as a virtual dead man. To be forced to sit or lie in bed all day with no possibility of movement on my own, to be fed all my meals by others, to wait until someone slides a bedpan under me to clear my bowels—never! Death would be a far better alternative.

DOCTOR
What did you do before you signed up for wartime service?

TELEGRAPHIST
Me? I was a thief.

DOCTOR
A thief? I would never have thought it!

TELEGRAPHIST
Well, Doc, that's how it is. I was a thief, a pickpocket. I would work from eight in the evening until the early morning hours, in Montmartre. Or I would head anyplace there was a crowd—race meetings, derbies, demonstrations. Once upon a time, though, I was—as they say—a decent man, solid and honest and diligent. I worked as a telephonist, alongside my girl, in a nice office. But when the boss got sweet on her and gave her syphilis, I beat the crap out of him and was sent to jail. That's where I got my training as a thief. There was no end to my education! The bankers gave up their secrets; I made plenty of friends and savvied every trick from them that was worth a damn! Once I got out, I started my new career as a criminal and a confidence man, picking the fat pockets of the tourists who frequented the Moulin de la Galette and other nightclubs, or the wealthy shoppers along the Champs-Elysées. That's a fact, Doc. So that's why I am afraid of becoming maimed or crippled. A blind or armless man can't possibly work in my profession. How would he be able to steal wallets—with his feet?

DOCTOR
You are a very surprising person. You seem intelligent. Yet you appear to have no scruples at all!

TELEGRAPHIST
Scruples? It's all double-talk, Doc. If I am allowed—even encouraged—to kill a butcher from Berlin or some other German "enemy," how can I have any scruples over picking the pockets of a fellow and taking the money he would have spent on women? Look at it another way. If I am caught thieving during peacetime, I get sentenced to three months in jail. Yet if I kill someone during wartime, I am cited for my heroism and awarded the war cross. Frankly, I am better off with the three month sentence. The bloodier work is not for me.

203

DOCTOR
Perhaps it is just as well!

TELEGRAPHIST
Sure it is, Doc. Just as sure as two and two makes four. [*stops suddenly*] There goes my machine. [*puts on his headphones and listens*] Ah, I am getting the signal now. Doc! Doc! Hand me a pencil—quickly! I don't want to lose any part of this transmission. [*starts writing*]

[*An* ORDERLY *enters, with two* SOLDIERS *lying on the stretchers. He puts them down and exits. The* DOCTOR *arranges some of his medical instruments and disinfectant supplies. The sound of artillery and exploding shells shakes the dug-out and the surrounding area.*]

TELEGRAPHIST
Damn it to hell! A radio tube just burned out. One of the shells must have mucked up the apparatus. [*checks the receiver*] Yeah, definitely a burned-out tube. But at least I caught part of the message.

DOCTOR
What's the news?

TELEGRAPHIST
[*reading*] "Leaving the front today at noon—stop—a dispatch of Red Cross women volunteers from South America—under the leadership of Miss Horne—stop—three cars carrying pharmaceutical supplies—stop—admit them without any reservations—stop—signed by the head of the Department of Health, Bonteur."

DOCTOR
At last, a most welcome report! We desperately need the help and the supplies, since we are almost empty-handed at the moment. What you see on the table, in fact, is all of the supplies that I have left. Let us hope—God willing—the women have a safe journey and

arrive here as soon as possible.

TELEGRAPHIST
Probably some useless society dames who are bored and looking for a little diversion abroad. A brief trip away from home, some quick impressions of the front, maybe a passing flirtation with one of the soldiers, a glimpse of the action and the combat—such things are always more exciting than a dull affair with one of the household staff.

DOCTOR
You are quite harsh in your judgment of these women whom you have not even met. Many of them perform wonderful services. Think how gentle they can be with the wounded men. Don't you believe in philanthropy?

TELEGRAPHIST
Philanthropy is simply the act of pretending to do good works. Perhaps it satisfies the philanthropists who engage in it, but it does little to change the human situation. There will always be beggars and poor people in the world. That's just the way that life is.

DOCTOR
Is that your ticker?

TELEGRAPHIST
[*speaking into the headphones*] Try again! Not working properly. Hold on! [*writing message that is coming through*] "Urgent! S.O.S.!—stop—spy in close proximity—stop—female spy spotted near the front line—stop." That's all I have for now. The tube has gone dead again. [*removes the tube and smashes it on the ground*] A female spy, but working for which side? Not ours, I suppose, or else they would not be issuing a warning. Must be German—the place is lousy with them!

DOCTOR
"Fräulein Doktor"?

TELEGRAPHIST
Can't be. She is too well known, her reputation too widespread. Besides, even the most clever spy would not venture into these parts. Such a mission would be too bold and audacious. So what do you think, Doc? Are the things that people say about her true, or is it mostly a myth?

DOCTOR
I suspect there is more fact than fiction to her story.

TELEGRAPHIST
Then she must be a truly incredible woman. Is she beautiful as well?

DOCTOR
I don't know. Perhaps.

TELEGRAPHIST
Definitely beautiful, I would guess. Otherwise she would never be able to twist so many officers around her little finger. Her temperament must be extraordinary as well, like that of Mata Hari—maybe even more remarkable.

DOCTOR
If you say so. I have never seen her. In fact, from what I hear, almost no one can recall actually encountering her. I think that's why there is so much rumor surrounding her adventures.

TELEGRAPHIST
Still, I would give anything to meet her and have her try to work her magic on me. No woman alive could ever pull the wool over my eyes. I could teach her a thing or two . . .

SCENE 2

[*A new assault is taking place; the shooting and explosions are growing increasingly louder. At left, there is a buzz of* SOLDIERS *and* ORDERLIES, *carrying stretchers bearing two officers,* AUSTIN *and* MAURIAC. *The* DOCTOR *rushes to the wounded men, and there is a flurry of activity around him. The* TELEGRAPHIST *exits to the left. The intensity of the attack lessens slightly; from time to time, the sounds of bugles can be heard.*]

ORDERLY
[*standing over* AUSTIN] Nothing life-threatening. Belgian—a liaison officer, caught near an exploding shell. Nice fellow. Arms and legs are broken. He should come to shortly.

DOCTOR
[*standing over* MAURIAC] Bandages, quickly! How are you holding up, officer?

MAURIAC
[*screaming in pain*] I can't see! I can't see! Is everything dark?

DOCTOR
[*motioning to the* ORDERLY *and warning the men to comply with what he is about to say*] Yes, Captain. It is pitch black in here. We are in a dug-out, near the front line. I am a Scottish doctor—*médecin . . . écossais.* I can barely see you either, but we can't bring attention to our location, can't even light a candle, because the enemy might . . .

MAURIAC
Here, Doctor. Yes, please touch my hand. I need to feel it! Don't leave me!

ORDERLY
Doctor, we are out of bandages here. What shall I do?

207

MAURIAC

Please, Doctor. Don't leave me! I am afraid! My face is full of shrapnel, but I am conscious, fully conscious! Doctor, save my eyes! I beg you! Don't let me go blind! I can't see! . . . The darkness frightens me. For the love of God, Doctor, give me a little light, even if it is just a single small candle! I can't see anything . . . I can't see!

ORDERLY

[*gently pulls off* MAURIAC*'s coat and belt, with the revolver still in its holster; hangs them on the door; covers Mauriac with a blanket*] Try to keep quiet, Captain. In just a moment, there will be light and you will be able to see again. But for now, stay calm and you will be fine.

MAURIAC

[*turns his head to reveal severe bleeding around the face*] You wouldn't lie to me, would you? I couldn't bear it. Don't let me go blind. Do you realize what that would mean? I left behind a wife and two small children, one of whom is four years old, the other only ten months! I am responsible for raising those children! Why is God punishing me this way? I never meant ill to anyone! [*kneels*] I beg you, people! Save me! Save my eyes! [*falls back in exhaustion; utters weakly*] My head . . . it hurts . . . the blood . . . the blood!

ORDERLY

[*sponges off* MAURIAC*'s face*] Calm down, now . . . What's happened? Captain, can you hear me? . . . Did he pass out? . . . [*shouts*] Doctor! Doctor! The Captain has lost consciousness! [*moves the stretcher*]

DOCTOR

[*standing over* AUSTIN] Stop shouting, you fool! I am not deaf! Don't you know how to attend to an unconscious man, how to nurse his wounds? Instead of standing there like a stunned calf, get some bandages on his face right away. Bandages, you idiot, or else he will die from the loss of blood!

ORDERLY
I already told you, Doctor, there are no more bandages. We are completely out.

DOCTOR
Damn it all! If we don't treat him immediately, this man is going to die in my arms. [*takes off his white doctor's jacket, tears it into strips, and wraps* AUSTIN*'s wounds with them*]

SCENE 3

[ANNA MARIE, *wearing a trenchcoat and a motoring cap, enters from the left. On her arm is the insignia of the Red Cross; in her hand is a briefcase. With her is* CAPTAIN LATOUR.]

LATOUR
Here you are, Mademoiselle. This is indeed a remote outpost. If you decide to stay here with us for a while . . .

ANNA MARIE
I decided to stay the moment that I arrived, Captain. And I have not changed my mind.

LATOUR
I must warn you, Mademoiselle, that we are only 100 meters away from the German trenches.

ANNA MARIE
I am aware of that fact, but I assure you that I am not frightened by it.

DOCTOR
[*running to the table, addressing* ANNA MARIE] I would ask you not to linger here. We cannot have such chaos. This is not a nightclub for entertainment; there are sick men in need of attention.

LATOUR
Forgive my colleague's rudeness, but in such grave circumstances, he is not inclined to niceties.

ANNA MARIE
No matter. I fully understand. [*puts down her briefcase, removes her cap*] Doctor, allow me to introduce myself. I am Miss Horne, from the volunteer dispatch. How may I be of service to you? [*positions herself near the stretchers of the two men just brought in*]

DOCTOR
[*standing over* AUSTIN] A foolish question, woman. Give me a hand with these men! [*points to those freshly wounded*] There are enough corpses to go around here.

[ANNA MARIE, *the* DOCTOR, *the* ORDERLY *all tend to the wounded; the Soldiers assist. A moment passes.*]

DOCTOR
[*to* ANNA MARIE] Do you have bandages?

ANNA MARIE
Right here. [*pulls them from her case*]

DOCTOR
Thank you. Just in time.

[*Medical supplies, arranged as before. The assault appears to be over. In the distance, bugles can be heard.*]

DOCTOR
[*distracted by the noise*] What was that?

ANNA MARIE
I heard it, too.

ORDERLY
I believe it's the sound of a bugle.

SCENE 4

[TELEGRAPHIST *appears from left*]

TELEGRAPHIST
The second flank is approaching our line and waving a white flag. They probably want to remove the wounded. That means at least a few hours of truce!

LATOUR
A respite of even a few hours will serve us, too. To the second line! [*exits*]

SCENE 5

TELEGRAPHIST
[*climbs to the highest step, takes out a white flag, replies in broken German, then climbs down the stairs back into the dug-out*] Some game for men to be playing. First we battle each other, then we take a brief break from the fight, and then we start to battle all over again. Just like the children at Mont-Souris Park, playing cowboys and Indians until one youngster gets struck in the face and the game stops . . . [*Seeing that no one is listening to him, he shakes his fist, sits on the table, and takes a cigarette from the cigarette case in* ANNA MARIE*'s briefcase, which is open. He looks closely at the cigarette case, then sticks it in his pocket.*]

ANNA MARIE
[*leaning over one of the wounded but aware of what the* TELEGRAPHIST *has done*] You are welcome to a cigarette, but please leave the case where you found it. It is a souvenir.

TELEGRAPHIST
[*abashedly*] My apologies, Madame, it is—as someone said— merely second nature . . . I can't remember now who said it . . . But whoever it was, he was right.

211

ANNA MARIE
[*approaching him*] Do you know that you are a fine looking man?

TELEGRAPHIST
You are most kind, Madame, to say so. I am flattered.

ANNA MARIE
. . . but quite foolish! [*bursts out laughing*] What do you do around here?

TELEGRAPHIST
I am a Sergeant in the Communications Division. I send and receive telegraph signals. Over there is my equipment—or what is left of it.

ANNA MARIE
I can't help but notice that, like everyone in this division, you seem to have a bit of time on your hands.

TELEGRAPHIST
[*proudly*] Yes, of course, those of us with special skills in intelligence naturally have less work than those in other divisions. [*suddenly*] Be careful, or you will spill the morphine.

ANNA MARIE
[*jumps*] Morphine? You keep morphine here?

TELEGRAPHIST
It is right there on the table beside you. In fact, you almost knocked over the jar.

ANNA MARIE
Ah, so I see. Very interesting. I never imagined that you would leave narcotics out in the open like this.

TELEGRAPHIST
We have to keep the morphine close at hand. Sometimes we use a half a kilogram of it in a single day . . . Unfortunately, the injured need it.

212

ANNA MARIE
[*glancing with great interest at the jar*] And no one at all monitors how it is dispensed?

TELEGRAPHIST
The doctor does. He doles it out as is appropriate. Not everyone who comes in here requires an injection, but the most severely wounded get two, sometimes even three shots, especially before their surgeries.

ANNA MARIE
Since I neglected to pack even a single gram of morphine among the supplies that I brought, I am glad to know that there is some already available for those who need it.

DOCTOR
Bandages! Bandages! Over here! Immediately!

ORDERLY
Coming! Right away!

[*From the left, a* SOLDIER *enters; he is carrying a bucket, a brush, and a handful of posters. On a wall near the entrance to the dugout, he posts a description and photograph (of the actress who is playing the title role). Having posted the notice, he exits left.*]

ANNA MARIE
[*donning glasses*] What is that?

TELEGRAPHIST
It's a wanted notice. I saw a similar one at the Third Batallion. [*reads*] "Warning: All divisions guarding the borders or outposts at the front should be on the lookout for the German spy Anna Marie Lesser, more familiarly known as "Fräulein Doktor." Eyes . . . build . . . [*details should conform to the features of the lead actress*].

[*Still reading, the* TELEGRAPHIST *glances with increased frequency in* ANNA MARIE*'s direction.*] . . . One of the most dangerous of all the German spies. Anyone who successfully apprehends her and brings her to the proper authorities, or who offers accurate information about her whereabouts, or who otherwise assists in her capture, will receive a reward of up to 100,000 francs." [*now speaking, no longer reading*] Quite a healthy sum. It would certainly be worth trying to catch her for that amount of money.

[*There follows a moment of total silence. With practiced nonchalance,* ANNA MARIE *reaches for her compact and looks at herself in the little mirror.*]

ANNA MARIE
If she was just a little better looking, I might say that she resembled me a bit. But she seems to be cross-eyed, and her teeth are crooked.

TELEGRAPHIST
You women are always so vain. You're hopeless, thinking only about yourselves.

ANNA MARIE
[*moving closer to him*] And for whom else should we try to be beautiful?

TELEGRAPHIST
For us, of course.

ANNA MARIE
Naturally.

TELEGRAPHIST
[*seizing the opportunity*] Madame, may I ask for your permission to kiss your lovely little hand? [*kisses her hand*]

ANNA MARIE
Sergeant, you are turning my head with your many compliments and putting me in a position where I might . . . just forget myself. [*with a sly smile*] You are surely the handsomest soldier whom I

have ever seen. [*whispering*] You have no idea what a powerful effect you have on women like myself.

TELEGRAPHIST
[*whispers*] Once again, Madame, you flatter me!

ANNA MARIE
But I must return to the wounded men. Perhaps you would be good enough to bring me some more water, for we are all out in here.

TELEGRAPHIST
I am at your service, Madame.

[*As he exits left, the* DOCTOR *approaches the stretchers and notices the poster that has recently been affixed to the wall. Putting on his glasses, he begins to read, as does the* ORDERLY *beside him. With their backs turned to her,* ANNA MARIE *takes advantage of the situation to remove some morphine from the table and to slip it under her coat. Only then does she notice the* TELEGRAPHIST *standing in the doorway, with a pail of water in hand. Anna Marie rushes up to him and puts her finger across her lips to indicate silence.*]

TELEGRAPHIST
[*whispering and smiling*] So, Koko, you wicked woman, you like the stuff? I have found you out. [*Ed. note*: *"Koko" is Parisian slang for narcotics, also for drug users*]

ANNA MARIE
Not a word to anyone, Sergeant, do you understand?

TELEGRAPHIST
Not even the slightest breath will escape my lips. You have nothing to fear—I am in the trade myself. For the past few years, in fact, I have been selling koko in the bars.

ANNA MARIE
Give me your word that you will tell no one.

TELEGRAPHIST
[*leering*] On one condition . . .

ANNA MARIE
Well?

TELEGRAPHIST
That cigarette case of yours, the one that you said is a souvenir. I want it.

ANNA MARIE
[*handing it to him*] All right, take it! It's yours.

TELEGRAPHIST
Good. And now . . .

ANNA MARIE
Nothing more for now. But maybe later. Tomorrow . . .

DOCTOR
Sergeant, stop your idle gabbing and flirting. Give me that water bucket. [*to* ANNA MARIE] And you. Move along. As chatty as you are, you are no good to us here.

ORDERLY
[*taking the bucket*] I have the water.

SCENE 6

LATOUR
[*entering from the left*] Listen up, gentlemen! I have good news to announce. Four hours of peace, a brief armistice. Enough time to clean up the bodies. And you, Madame, I see that you are working with the efficiency of a Sister of Mercy.

DOCTOR
[*snappish, speaking to* LATOUR] You are back again already? Is

there nothing more important for you to be doing than chasing skirts?

LATOUR
Don't upset yourself, old man! For the first time in a month, I have four hours of peace.

DOCTOR
Then use the time to catch up on some sleep.

LATOUR
Absolutely not. As long as the women are working, how could I possibly consider sleeping? Never.

ANNA MARIE
[*standing over* AUSTIN] If you have a moment, perhaps you could help me attend to this Belgian officer. I have not even had enough time to wash the mud from his face. Yes, yes, thank you. I believe that he is coming to. He is opening his eyes . . .

AUSTIN
[*weakly*] My arm! My arm hurts! And my leg! Owww . . . it is also broken!

ANNA MARIE
Careful, Major, both limbs are broken . . . but they are already bandaged, and in a month you will be completely well. Just be patient. Try not to move right now, since your wounds are all fresh, and we don't want you to start bleeding out again.

AUSTIN
Thank you, nurse. But tell me, where am I?

ANNA MARIE
In a field hospital, receiving good care. Tomorrow, you will be transported by car to Paris. For now, though, stay calm and do not move around so much.

AUSTIN

I apologize for the trouble I am causing you. But please, come closer and let me look at you. Your voice is very familiar to me.

ANNA MARIE

[*moving away quickly*] That's highly unlikely, Major. I arrived in this country only a week ago, from Venezuela. You must be confusing me with someone else.

AUSTIN

It is! It is! Now I am sure of it! [*lifts himself on his left elbow, and gazes at* ANNA MARIE; *suddenly starts shouting*] You! Arrest her! Stop her! Don't let her leave here! She is a spy! Arrest that woman! That is the notorious "Fräulein Doktor"!

ANNA MARIE

Poor man! He is fevered and delirious! We must get him tranquilized. My dear Major, you are gravely ill. Your agitation is understandable, particularly since your senses have been impaired. Lie down, try to regain your equilibrium, and we will get you some water.

AUSTIN

[*passionately*] Don't believe her! I am not delirious! My command of my senses is perfect! I know her, I tell you. She is the woman who betrayed us three years ago in Brussels. I recognize her voice and her face. That's her! "Fräulein Doktor"—the infamous German spy. She's the one who stole the list of spies in Paris! Arrest her immediately! Gentlemen, for the love of God, don't let her get away! There is a bounty of 100,000 francs on her head!

LATOUR

[*interceding*] Miss Horne, allow me to apologize on the Major's behalf. In the throes of his illness, clearly he has mistaken you for someone else. But it will be necessary for me to detain you briefly until we are able to clear up this confusion. This is a very serious charge, which naturally you will have the opportunity to address.

[*With a sudden motion,* ANNA MARIE *pushes* LATOUR *onto the pail of water so that he stumbles and falls; water spills everywhere. Pulling* MAURIAC*'s revolver out of the holster that the* ORDERLY *had earlier hung on the wall, Anna Marie pulls a second weapon from the pocket of her trenchcoat and aims at the men.*]

ANNA MARIE
Hands up, everybody, or I'll shoot! I warn you, I mean it! . . . Do as I say, or else!

[*The men put their hands up, as ordered.*]

Yes, your friend was correct. I am "Fräulein Doktor," the woman who three years ago tricked Austin and the entire Belgian staff—the same "Fräulein Doktor" who stole the spy list in Paris. I told you, Major Austin, that Brussels would not be our final encounter. And here we are, together again, near Verdun. But I promise you now that this meeting will be our last. Oh, I could shoot you on the spot if I wanted to, but I never shed blood unnecessarily, the way you false heroes do . . . So it appears that a solitary weak woman has bested all of you. Keep your hands up or I will shoot! I will make it through the trenches and no one will be able to stop me, especially as long as I wear the insignia of the Red Cross. If any one of you dares to intervene, I have a bullet here with your name on it, and I will not hesitate to shoot you through the chest. [*Firing at the lights, she leaves them in darkness.*] So long!

[*As she exits from the back,* ANNA MARIE *safeguards her escape with the two revolvers. At first, all seem frozen in shock; no one moves. But then the* CAPTAIN *shouts, "After her!" As he climbs the steps out of the dug-out, a shot is fired; he is struck and falls back down the steps. From a distance, Anna Marie's laughter can be heard, along with the sounds of machine gun fire and of the usual cannonades. The* TELEGRAPHIST *crawls along the wall toward the trench and uses binoculars to look out. Others approach and ask, "Did she make it?" The scene goes dark. There is a flash of light, followed by a loud blast. The trench collapses. Complete darkness. Several more flashes follow.*]

CURTAIN

ACT VI
BERLIN, 1918

[*Visible is a portion of* ANNA MARIE*'s private hospital room, including a table and some armchairs; in the background is a black curtain. The scene is night. At the table, which is illuminated by a lamp, sits* DR. MATTHESIUS, *wearing his white medical coat.*]

SCENE 1

[*The hospital matron,* MRS. HAMMER, *enters the room.*]

MATTHESIUS
So, Mrs. Hammer, how is our patient faring? Any better than before? Is she still asleep?

HAMMER
[*whispering*] Pst! She is just awakening and should be up shortly.

MATTHESIUS
Is it the same every day? At the same hour? After all, it's almost midnight . . .

HAMMER
Yes, Doctor. She goes to bed when the sun comes up and sleeps until midnight. That has been her routine for half a year now. I nearly forgot to ask you—did you bring the injections?

MATTHESIUS
[*handing drugs to* MRS. HAMMER] Be very careful—no more than two doses at a time.

HAMMER
Of course, just as you say. The moment that I see an attack coming on, I give her a shot. The morphine is truly a blessing for her, Doctor! Without the morphine to dull her pain, it would have been over for her long ago. It's unspeakably sad. So young, so beautiful, and already so lost and out of touch with the world around her. Is her condition permanent, Doctor? Incurable? Maybe she will still be able to come out of her delirium? [*points to* ANNA MARIE's *forehead*] Or is she already too far gone for us to harbor hopes for her recovery?

MATTHESIUS
I can't say for sure. But I am afraid that the worst may soon come to pass. How does she behave when she is unable to sleep? Sit down here beside me, Mrs. Hammer, and tell me all about Anna Marie.

HAMMER
Thank you kindly, Doctor. [*seats herself*] Sometimes, when she rises, she drinks a little red wine and eats a bite or two of—what do you call that stuff? The funny-smelling food that comes from the fish?

MATTHESIUS
Caviar.

HAMMER
Yes, that's it: caviar. Then she sits in the armchair and stares out of the window at the street. After a while, she lies down and goes to sleep again.

MATTHESIUS
That's the full extent of her movements? Nothing else?

HAMMER
Occasionally, she reads.

MATTHESIUS
Newspapers?

HAMMER
Never. Books, big thick ones—like this. [*hands him a book*]

MATTHESIUS
[*glances at book*] And the attacks—do they still occur as frequently as they used to?

HAMMER
They seem to come less often now. Once a week, maybe once every two weeks. In the past—oh, my, the poor little thing—they came all the time. She had no respite from them.

MATTHESIUS
When she has an attack, exactly how does she act?

HAMMER
She screams and screams. Actually, that's not quite true: first she seems to be counting something, figuring something out—A, B, C, and so on. Then she starts shouting out loud, calling "Matthesius, Matthesius, help me! Save me!"

MATTHESIUS
What did you say?

HAMMER
She screams "Matthesius, help me!" . . . "They will catch me" . . . "I never wanted to kill—they forced me." Then she shouts "It is I. I am 'Fräulein Doktor.' It is I. I!" What foolishness! All of us know that the French killed "Fräulein Doktor" years ago. The news was everywhere. She died on the field of glory, and her body was never even recovered for a proper Christian burial . . .

[*babbling, quickly*] Pretending to be Fräulein Doktor—ah, what a poor lost girl our Anna Marie is! I bet that at one time she read too many newspapers and got overwhelmed by all the sad news. Or maybe some young man betrayed her and it shook her up so badly that she simply broke down as a result. Whatever it was, it made her completely delirious.

. . . That's what happened to another young woman I knew— Dorota, who was deceived by a fireman. He was also seeing another woman, a seamstress, even though that girl already had a boyfriend who used to take her to the Wintergarten. One time, Dorota saw the fireman at the movie theater with . . .

MATTHESIUS
[*interrupting her*] Now, now, steady yourself, Mrs. Hammer. Where were we? Ah, as I recall, you were saying that the girl starts shouting, yelling, crying out to Matthesius for help. Is that right?

HAMMER
Right, absolutely right. Tell me, do you know this man Matthesius that she keeps calling for? Probably some high government official, with a lot of money and power. He must be quite rich! The girl who sells milk here tells me that all those in the upper ranks get new honors and decorations every month—and salary increases as well, to tide them over from one pay period to the next. But what was I going to say? . . . Aha! This Matthesius—I don't remember reading anything about him in the newspapers, so maybe he isn't as well connected as she thinks. But what would you know about any of this, Doctor? You work day and night in this clinic surrounded by people who are crazy. What a rotten life you have chosen . . . [*to herself*] What kind of man could this Matthesius be, to leave her this way?

MATTHESIUS
[*quietly*] A very unfortunate fellow, to be certain. Probably a man who would just like to forget about his own troubles, to lay down his own burdens, yet he cannot.

HAMMER
[*taps her forehead*] I bet he's as crazy as she is. Wouldn't you think so?

MATTHESIUS
Oh, no! Or maybe momentarily crazed. But who can say for sure . .
. [*changing the subject*] So, Mrs. Hammer. Apparently the war is
over. What do you have to say about that?

HAMMER
I say that we lost. Too bad. But we were too greedy and we wanted
too much. In our arrogance, we Germans thought that we could rule
the whole world; but the world turned out to be more difficult to
rule than Germany. And while it is fine to believe that the war is
over, we still don't have peace.

MATTHESIUS
But we already have an armistice. And the peace will be signed in a
few months. For the moment, we can at least be happy that the
fighting is over.

HAMMER
No one, after all, wants to take up arms—no one. Now it won't be
long—long before . . .

MATTHESIUS
God willing, not too long . . .

[*Off stage, an automobile horn sounds.*]

HAMMER
Who can that be? [*running to the window and reporting*] A
chauffeur, dressed all in white . . . a gentleman in a black coat . . .
accompanied by an officer . . . and a second officer, too. What do
you think they are after? What would they possibly want from us,
especially at this time of night?

MATTHESIUS
They are coming here. Show them in yourself, will you please. And
then see to the young woman, in case she needs your help. I will be
waiting here.

SCENE 2

[*The doorbell rings. The men enter. They begin questioning the* DOCTOR.]

EXCELLENCY
Greetings, Doctor. Have you seen her already?

MATTHESIUS
No, Excellency. She has just awakened and is still in bed.

HERST
At this hour?

MUELLER
But it is after midnight.

MATTHESIUS
So it is.

EXCELLENCY
Is she still in critical condition?

MATTHESIUS
[*folding his arms*] Only God knows for certain. But I would guess that she is.

EXCELLENCY
Is she still taking morphine?

MATTHESIUS
She needs it desperately, particularly now that she is in the last stages. If we take it away now, anything might happen. She could die!

EXCELLENCY
Ha—then so be it!

MATTHESIUS
[*upset*] Excellency, do I understand you correctly? . . .

EXCELLENCY
[*coldly*] Beginning today, you will start reducing the dosage. Either her situation will improve, or it won't. Whichever way it goes . . .

MATTHESIUS
Has His Excellency forgotten that . . .

EXCELLENCY
Don't worry, Doctor, I have forgotten nothing. But let me be clear: either she becomes the person she used to be, someone who is indispensable and utterly irreplaceable, or else she will be just another victim of the war. Maybe the last victim . . .

MATTHESIUS
Your orders will, of course, be obeyed. But as a man of medicine, I must add . . .

EXCELLENCY
[*cutting him off*] Don't add anything, Doctor. Although I appreciate the services that you have rendered, your opinion now has no value whatsoever. I have said all that I have to say. And we have an appointment elsewhere. [*turns his back to the* DOCTOR *and speaks to the* OFFICERS]

SCENE 3

HAMMER
[*enters the room*] Coming, I'm coming already. She seems to be feeling strong and healthy today. She even greeted me by saying, "Good day, Mrs. Hammer! How are you doing?" It means that she recognized me! Imagine that—the poor little thing . . .

MATTHESIUS
[*putting his finger to his lips*] Shhh! Quiet!

226

[*Standing in the doorway is* ANNA MARIE, *dressed in a black dress. She is very pale, and there are deep circles under her eyes.*]

ANNA MARIE
[*speaking in a monotone*] Good day, gentlemen. I am happy that you have decided to stop by to check on me. I get so few visitors. Won't you sit? I realize that we don't know each other, but that makes no difference. Perhaps we can just speak to each other heart to heart, without any dishonesty. As you can see, Doctor, I am feeling fine—although our dear Mrs. Hammer continues to hover over me like a Sister of Mercy. No need for formalities between us, Doctor; please make yourself at ease. My name is Anna Marie Lesser, but I am better known as "Fräulein Doktor" . . . [*appears to digress*] The officers at all of the border outposts should be forewarned . . . There is a bounty of 100,000 francs on her head . . . Gentleman, you look so sad and dejected. Why should that be? There is no cause to worry. My name is Anna Marie Lesser . . . and I . . . am resting . . .

MATTHESIUS
Anna Marie!

ANNA MARIE
You have my attention, sir. Your face seems very familiar to me. I would venture to say that you resemble an old friend of mine, Dr. Matthesius. The resemblance, in fact, is striking . . .

MATTHESIUS
Anna Marie, take a closer look! Don't you recognize me? It is I, Matthesius!

HAMMER
[*aside*] Good God! Now he has lost his senses as well!

HERST
Quiet!

MUELLER
Don't interfere!

ANNA MARIE
No, no, good sir. You are not Matthesius. He is long in the grave by
now—or maybe in a hospital for the insane! [*quietly, almost in
secret*] You gentlemen should know that he took morphine. He told
me so himself, after Engel committed suicide. That was on a frosty
March night. The last white flakes of snow were falling on the dark
panes. Everything was black: the walls, the windows, the rugs. Only
the faces were pale. Do you remember, gentlemen? The footsteps of
the firing squad resounded outside. Heavy boots hit the pavement in
a maestro's tempo—tram, ta, ta, ram, ta, ta, ram. After that, the
drum beat—tra, ta, ta, ta! Then came the command of "fire!" . . .
And blood on the snow. Can you picture it, gentlemen, on the fresh
white snow! So red, so very red! It was not my fault. He was the
deceiver . . . but no one bothered to explain that to him. Maybe
heaven will explain it . . . [*all the while, speaks in the same
monotone*]

MATTHESIUS
[*taking her by the hand*] Anna Marie, let's talk about something
else. Tell me, how are you feeling?

ANNA MARIE
Quite well, thank you. You have a kind face. There is no reason to
be worried about me. I feel completely well. It is just that, from
time to time, I see Engel standing before me. Captain Engel, of the
Second Division. He is tall, dressed in his parade uniform, totally
white—with a shot through his temple. [*begins experiencing an
attack*] I didn't want him to die! Gentlemen, you must believe me! I
had to do it! I was leaving for the front, and if I had not acted first,
he would have had me killed there! It was a matter of vital
importance! He would definitely have told them . . .

[MATTHESIUS *calms her. After a while, she begins speaking,
again in monotone.*] Sometimes I see in front of me all of the people
whose lives and careers I destroyed: Costopoulos. Duval. The three

228

young men whom I shot near Nasproue. Captain Latour, whom I met near Verdun. Then the vision of them passes. And everything becomes dark, wonderfully, beautifully, mercifully dark again.

EXCELLENCY
Dr. Matthesius, I only hope that you can settle our Fräulein Lesser down. It is tragic to see her wasting away like this. As long as she is delusional, however, there is little point in my trying to talk to her.

MATTHESIUS
I will attend to her, Excellency. No need to concern yourself further about this matter. [*aside, to* HIS EXCELLENCY] These repercussions are typical of morphine and quite familiar to those of us in the medical profession. . . . Please continue. Fräulein Lesser will follow. [*to* ANNA MARIE] Isn't that correct, Anna Marie? Will you hear this gentleman out?

ANNA MARIE
Please go on, Excellency—Excellency . . . I understand that is how others address you. . . I can tell that you never went to war . . . Soldiers are needed on the front, because it is very dangerous there. Very dangerous. But there is no war here . . . Go ahead, Excellency, you may speak boldly to me . . .

EXCELLENCY
[*slightly offended, rises, followed by the* OFFICERS *who attend him*] Anna Marie Lesser, the war has been brought to an end. For your wartime services directing German intelligence, the Ministry of the German Reich, whom I have the honor of representing, has decided to assume responsibility for your welfare. It has awarded you a perpetual annuity, which will assure your continued care, and . . .

[ANNA MARIE *rises slowly from her chair. She approaches* HIS EXCELLENCY *and looks closely at his face. Confused and discomfited, he stops speaking. Anna Marie bursts out in laughter, which soon turns to almost spasmodic giggling.*]

ANNA MARIE
An annuity? [*laughing*] And who will give me back my life? How will you repay me for all that I have sacrificed? [*still laughing*] With German marks? Ha, ha! [*after a long silence, she looks him directly in the face*] You are an idiot!

[*Another moment of total silence.* ANNA MARIE *again approaches* HIS EXCELLENCY, *who moves away from her, toward the front of the stage.*]

ANNA MARIE
Once, in the dark of a March night, Engel took out a revolver and blew his own brains out. Another night, I killed Latour. Still another night in Brussels, Costopoulos was sentenced to death. In Paris, it was Duval. Every night, I see them: a hundred . . . a thousand . . . a million soldiers. For what? For what, I ask you?

What did they do to deserve their fates? This is all your fault, and the fault of Germans like you, who alone profited from this war! Zacharoff earned 74 million from the sale of arms. Krupp cleared even more—85 million . . . and all of Europe was left one big cemetery . . . corpses everywhere, and gravestones, and crosses made of stone. For what?

Who gave you the right? . . . And now you come to me, a woman whom you destroyed, whose life you broke as if it were a spent match, me, a woman who gave you . . .

. . . everywhere corpses, graves, crosses of stone. And on the headstones of the graves, more crosses, crosses of metal. And decorations—the "Legion of Honor" and the "Order of the Black Eagle," for meritorious service—and crosses of gold, earned for "bravery in the face of the enemy." But which enemy? Who, in fact, was the real enemy?
Morphine! For the love of God, give me some morphine to relieve this pain! Morphine now! [*She falls into a faint;* MATTHESIUS, *the* OFFICERS, *and* MRS. HAMMER *carry her to a settee, where they try to revive her.*]

HERST
Is she alive?

MATTHESIUS
Probably just collapsed from exhaustion. Mrs. Hammer, we need some water here! And right away!

HAMMER
I am getting it! Jesus! Mary! This must be the end of the world! [ANNA MARIE *stirs slightly.* MRS. HAMMER *brings the water.* HIS EXCELLENCY *waits nearby.*]

MATTHESIUS
[*as he tries to revive her*] Sir, help me hold her head up. Yes, like that. She should come to at any moment now. [*leans over, puts his ear to her chest*] That's impossible! Her heart has stopped beating! [*straightens himself up*] Gentlemen, I am afraid that this young woman is dead! [*bends down and listens again*] No! It's still beating! Weakly, very, very weakly, but beating nonetheless . . . Give me some water, please! Thank you . . . Yes, yes, now it's getting a little stronger.
[*Keeps monitoring her heartbeat. After a while,* ANNA MARIE *opens her eyes.* MATTHESIUS *lifts the glass of water to her lips. Anna Marie sips a little, looks around with a dazed expression, and starts making some kind of motion with her hands. Suddenly she starts uttering indecipherable and unintelligible sounds, like those of a small child.*]

MATTHESIUS
Better now?

ANNA MARIE
[*still making circular motions with her hands, laughing oddly, and babbling like a simple-minded child*]

MATTHESIUS
Anna Marie! Look at me! Anna Marie! Concentrate on what I am saying!

ANNA MARIE
[*still incoherent*]

HERST
Fräulein Lesser!

MUELLER
Fräulein Lesser!

MATTHESIUS
Anna Marie! It is I—Matthesius!

ANNA MARIE
[*laughing wildly and howling like an idiot*]

MATTHESIUS
[*in a thundering voice*] Enough! I can't endure any more of this! [*to* MRS. HAMMER] Morphine! Where is the morphine?

[MRS. HAMMER *hands the morphine to* MATTHESIUS, *who prepares an injection. Instantly,* ANNA MARIE *falls into a deep sleep.*]

HERST
Is she asleep?

MATTHESIUS
[*nods his head*] Yes.

[*Long moment of silence.*]

MATTHESIUS
Excellency—you have the last word.

EXCELLENCY
[*choosing his words carefully*] The plan is simple. You gentlemen will escort Anna Marie overseas. The name of the town, the

sanitarium, and the doctors to whom Anna Marie Lesser will be assigned will be spelled out for you in the secret orders that you will receive today at dawn. After Anna Marie has taken the cure in Switzerland, she will be confined there, irrespective of the outcome of the treatments.

MATTHESIUS
Excellency, does that mean that Anna Marie will stay in Switzerland indefinitely?

EXCELLENCY
Indefinitely!

EPILOGUE

[*Stage goes dark. The first* CURTAIN FALLS. *Projected against the black of the curtain is a huge red swastika.* MATTHESIUS *enters, wearing a dress coat; his figure is illuminated by a spotlight.*]

MATTHESIUS
[*raises his hand and speaks*] We have told you, dear ladies and gentlemen, a story about the most exceptional spy of the First World War, "Fräulein Doktor." In her time, especially during the war years, the columns of the daily papers were filled with accounts of her exploits and brave deeds and with the fantastic twists and turns in this very secretive woman's life. Then suddenly they stopped writing about her. Purportedly she died near Verdun. Rumors about her finally ceased as well, and a new figure emerged. Now, it is not Anna Maria but Mata Hari—famous seductress, woman, and spy—who inspires legendary scenarios. Only within the last few years (1929-1933), as a consequence of the surprisingly revisionist act by the Unter den Linden [*Ed. note: the seat of the German Bundestag, or federal government, located in Berlin, on the street named Unter den Linden*], has Anna Marie Lesser been allowed to return to view—though only as a historical figure, already remote to our time. Within ten years, she will have passed

into history—partly as a legend, partly as a state secret that has long since become public.

Only moments ago, dear ladies and gentlemen, in the six acts that played out before you, you witnessed a reconstruction of six years of her life. The details were authentic; none was an invention of the author, who wrote his play with a pen still bloody from the events of the World War.

But Anna Marie is still alive. Now thirty-six years old, she is still a young woman. She lives in Switzerland in the small town of . . .

[*An Officer enters the stage.* HERST, *wearing an overcoat and hat that indicates he is a member of Hitler's party, puts his hand on* MATTHESIUS*'s shoulders.*]

HERST
Dr. Matthesius, you are under arrest!

MATTHESIUS
On what charge, Officer?

HERST
For revealing state secrets concerning Anna Marie Lesser.

MATTHESIUS
But, sir, Anna Marie has been relegated to the forgotten past.

HERST
Not so. She arrived yesterday from Switzerland, and has already volunteered for service.

MATTHESIUS
Good God! She has returned! For what possible purpose, in this time of peace?

HERST
Peace? Are you naïve enough to believe that what we are seeing at

this moment is really a time of peace? [*laughs and leads* MATTHESIUS *in the direction of the side curtain/stage exit*]

[*The first* CURTAIN RISES. *At the very back of the stage, which is set in complete darkness, appears an image of the Reichstag in flames (an effect created by spotlights).* [Ed. note: the Reichstag was the German Parliament building, destroyed by fire in 1933—an event that coincided with Hitler assuming dictatorial control of the country.] *There is a sound of footsteps—initially at a distance, but eventually drawing closer and closer, until one hundred* SOLDIERS, *wearing steel helmets and gas masks and carrying rifles in their hands, enter the stage. The noise of airplanes can be heard overhead. The storm troopers march forward in the dark. From time to time, a spotlight from above—as if emanating from the airplanes—shines down on the troops. Four bugles sound the forward alarm. The image of the Reichstag goes out, and on the horizon a large flaming cross (like the image of the Reichstag, an effect created by spotlights) is revealed.* (Other special effects may be created, at the discretion of the director and the set designer.)]

THE END

www.ingramcontent.com/pod-product-compliance
Lightning Source LLC
Chambersburg PA
CBHW020850090426
42736CB00008B/321